Samuel Wilhelm Oetter

Historische Nachrichten von dem Hause und Wappenbild der

Herren Riedesel

Freyherren von und zu Eisenbach

Samuel Wilhelm Oetter

Historische Nachrichten von dem Hause und Wappenbild der Herren Riedesel
Freyherren von und zu Eisenbach

ISBN/EAN: 9783743463219

Hergestellt in Europa, USA, Kanada, Australien, Japan

Cover: Foto ©ninafisch / pixelio.de

Samuel Wilhelm Oetter

Historische Nachrichten von dem Hause und Wappenbild der

Herren Riedesel

Historische Nachrichten

von dem Hause und Wappen ꝛc.

der Herren Riedesel

Freyherren von und zu Eisenbach ꝛc.

in einem Schreiben

an die

Hochwohlgebohrne Reichsfreye Frau

FRAU

Carolina

gebohrne Freyin von Seckendorf,

Aberdar

eine würdige Frau Gemahlin

des auch

Hochwohlgebohrnen Reichsfreyherrn

HERRN

Carl Georg Riedesel

Freyherrn von und zu Eisenbach ꝛc.

bisher Herzoglich Würtenbergischen Cammerherrn
RegierungsRath und Hofgerichts Beisizern zu Tübingen ꝛc.
aniezt aber wirklichen Assessorn des Kaiserlichen
Cammergerichts zu Wezlar

vorgetragen

von

Samuel Willhelm Oetter

Hochfürstlich Brandenburgischen Geschichtschreiber.

Hochwohlgeborne Reichsfreie Frau,
gnädige Frau,

Gnädige Frau — So habe ich heute das erstemal die Ehre, an Eure Hoch-freiherrliche Gnaden zu schreiben; nachdem ich vorher die Erlaubnis hatte, oft an Sie, als eine gnädige Fräule, schreiben zu dürfen — Mit was für Bewegung meines Ge-müthes aber dieß geschehe, das werden Sie leicht erachten können; da Ihnen meine große Vereh-rung gegen das ganze Hochfreiherrliche Haus von Seckendorf, insonderheit Aberdarischer Li-nie, bekannt ist, und daß ich deswegen an allen Schicksalen, welche selbigen begegnen, den größ-ten Antheil nehme — Aber, was meynen Sie wohl, gnädige Frau, was die Ursache dieses Schreibens seyn möge? Vielleicht Ihnen zu der vollzogenen Vermälung mit einer so vortreflichen Person Glück zu wünschen. Dieß ist freilich mei-ne Schuldigkeit. Aber dieß ist schon geschehen. Es ist dieß in meinem Herzen geschehen, und wenn ich diesen Wunsch hier mit Worten ausdrücken solte: so würde dieß meiner toben Feder ganz un-möglich seyn — Was denn? Was soll denn der Endzweck meines Schreibens seyn, werden Sie fragen? Vielleicht Ihnen Regeln vorzuschreiben? Vielleicht Ihnen Lehren zu geben, wie Sie Sich gegen Dero Herrn Gemal zu verhalten, oder

wie

wie Sie deſſen Liebe und Vertrauen zu erhalten
haben; Denn dieß wird beſonders erfordert, wenn
eine Ehe vergnügt ſeyn ſoll — Welche Verwegenheit wäre aber dieß nicht von mir! Einer
Perſon Lebens-Regeln vorſchreiben wollen, welche eine ſolche vortrefliche Erziehung gehabt —
einer Perſon Lehren geben wollen, welche eine
über alles Lob erhabene Mutter zur Lehrmeiſterin
und zum Beiſpiel gehabt hat, an welcher man das
Bild, das ſchöne Bild Ihres verewigten Bruders
in Holland, des Herrn Grafen von Gronsfeld,
ſo deutlich ſiehet, und von welchem Herrn eine auswärtige Perſon gegen mich das Urtheil fällte,
daß er würdig geweſen ſeye, gar nicht zu ſter-
ben; weil er geſuchet habe, alle Menſchen glücklich zu machen — welch ein Nachruhm! — Und
eine ſolche große Mutter haben Sie zur Lehrmeiſterin gehabt, eine großmüthige Mutter, welche
zwar bei den widrigſten Schickſalen nicht unem-
pfindlich iſt (dieß wäre auch wider die Abſichten
desjenigen, von dem die Schickſale kommen, oder
ſelbige verhänget) ſie aber in der größten Stille
träget, ohne zu klagen — ohne ein Wort zu ſa-
gen — ohne andere damit zu beunruhigen —
Welche Größe des Geiſtes iſt nicht dieß! Aber
auch welch ein Exempel zur Nachfolge! Denn
ohne Noth gelanget Niemand zur höchſten Glück-
ſeligkeit — Welche Verwegenheit wäre dieß
nicht von mir, einer Perſon Lehren geben wollen,
welche die ſchönſten moraliſchen Bücher, und inſonderheit die vortreflichen Schriften einer Engli-
ſchen Rowe geleſen hat, ſo fleißig und mit Bedacht

dacht geleſen hat — Welche auſer dem mit einem ſeltenen Genie begabet iſt — Einer ſolchen
Dame Regeln vorſchreiben wollen, das wäre die
größte Verwegenheit, und auch für Sie die größte Beleidigung. Nein! Einen ſolchen Endzweck,
einen ſolchen beleidigenden Endzweck hat mein
Schreiben nicht — Es ſoll, es muß von einem
angenehmen Innhalt ſeyn. Ich weiß es, daß
Eure Hochfreiherrliche Gnaden ſchöne
Briefe lieben, Briefe, welche einen angenehmen
Innhalt haben. Ich weiß noch mehr. Ich weiß
es (und welch eine Ehre für mich, daß ich dieß
weiß) ich weiß gar zu wohl, daß Sie ſelbſt ſchöne
Briefe, recht ſchöne Briefe ſchreiben können, welche
alle würdig ſind, gedruckt zu werden, und die auch
vielleicht der Welt nebſt andern vorgeleget werden;
zumal, wenn ich auch diejenigen ſchönen Briefe dazu bekommen könnte, welche Sie in ihrem Braut-
ſtand von Zeit zu Zeit nach Stuttgard abgelaſſen
haben — Ich ſollte alſo jezt auch ſchön ſchreiben
— Ich ſollte einen recht angenehmen Innhalt
erwählen; da ich das erſtemal an Sie, als eine
gnädige Frau zu ſchreiben die Ehre habe —
Aber, was ſoll ich erwählen? das angenehm iſt,
das Vergnügen machet — Könnte ich wohl einen vortreflichern Innhalt erwählen, als das
Haus, aus welchem Dero Herrn Gemals **Hochfreiherrliche Gnaden** entſproſſen ſind, mit
welchem Sie ſo genau verbunden worden, welches
Sie in Zukunft vermehren werden, und gewiß
in großer Anzahl vermehren werden. Denn Sie
ſtammen von einem Hauſe ab, über welches die

A 3   göt-

göttlliche Vorsehung ganz besonders waltet — von einem gesegneten Hause — von einem solchen Hause, welches seit viel hundert Jahren in Deutschland eines der zahlreichsten gewesen ist, und in welchem das göttliche Wort besonders in Erfüllung gehet: seyd fruchtbar und mehret euch — Und welches man auch von dem Hochfreiherrlich Riedeselischen Hause sagen kann — Könnte Ihnen ich was angenehmers und auch was merkwürdigers vortragen, als wenn ich das Alterthum und die Verdienste des Hochfreiherrlich Riedeselischen Hauses in einem kurzen Begrief vorlegte, und wenn ich vornehmlich den Namen Riedesel, welchen Sie nun auch führen, und so oft schreiben werden, so gut ich kann, erklärete? Ich weiß es, Eure Hochfreiherrliche Gnaden sind eine ungemein belesene und gelehrte Dame. Ich weiß es zu meiner größten Ehre, daß Sie Sich auch in den Geschichten des Adels umgesehen haben. Ich weiß aber nicht, ob Sie Sich um den Heßischen Adel, besonders um das Hochfreiherrlich Riedeselische Haus bekümmert haben, oder mit selbigem bekannt geworden sind; zumal, da man so wenig Nachrichten von diesen uralten Hause aufzuweisen hat. Und was auch 1631 der Mainzische Vicarius Georg Helwig, und nach ihm Johann Maximilian Humbracht unter dem Titel, die höchste Zierde Deutschlands und Vortreflichkeit des teutschen Adels 1707 vermehrt herausgegeben haben, nur in genealogischen Tabellen bestehet. Eure Hochfreiherrliche Gnaden werden

Sich

Sich auch nur um die Herren **Riedesel** in den neuern Zeiten bekümmert haben, und darinn Niemand besser kennen als Dero Herrn Gemal — Erlauben Sie mir also, daß ich hier eine kurze Beschreibung von dem Hause Ihnen hier vorlegen darf, in welches Sie sind geführet worden, und in welches Sie die göttliche Vorsehung geführet hat. Am ersten werde ich die Ehre haben, **Eurer Hochfreiherrlichen Gnaden** das **Alterthum** des **Hochfreiherrlich Riedeselischen** Hauses zu zeigen. Ich sage das **Alterthum** — Denn an dessen Ursprung darf ich nicht gedenken. Dieser ist unerforschlich. Und dieß ist eine Ehre für dieß Hochfreiherrliche Haus. Was rechte alte Häuser seyn wollen, deren Ursprung muß unerforschlich seyn — Dieß findet sich nun auch bei dem Hochfreiherrlich **Riedeselischen** Hause — Deswegen ist es ein uraltes Haus. Man kann dieß schon aus einer Urkunde abnehmen, welche der durch seinen herausgegebenen Codicem Diplomaticum sich unsterblich gemachte Freiherr von **Gudenus** mitgetheilet hat. 1) Ihr Innhalt ist kurz; daher will ich sie hieher sezen: Litigantibus Reinhardo Decano S. Stephani in Moguntia ex vna parte, Christiano de Stophinberg (Stauffenberg) et suis coheredibus ex altera, super XXX. solidis in Eblizdorf, tandem est in sex Arbitros compromissum, Exehardum de Munberg, W. de Marburg W. de Strickede, Plebanos. *Ditmarum Ridesel*, Gisonem de Ancevar et Wigandum de Fronhu-

A 4   sen,

1) Tom. II. pag. 634.

sen, *Milites.* Quibus dictantibus præfatus
Christianus pro se et pro suis heredibus iuri
suo — renuntiavit omnino — Actum in
Marburg MCCXXVI. Diese Urkunde ist zu
der Zeit ausgefertiget worden, da Heßen noch zu
Thüringen gehöret hat, oder unter der Hoheit der
Landgraven in Thüringen gestanden ist. Der
Innhalt dieser Urkunde scheinet von einem gerin-
gen Innhalt zu seyn. Er ist es auch in der That.
Aber in Absicht des Geschlechts der Herren Riedesel ist diese Urkunde doch höchstmerkwürdig, und
daher schäzbar. In selbiger wird ein Streit,
zwischen einem geistlichen und zwischen einem weltlichen Herrn oder einer Person von der Ritterschaft abgethan. Es geschahe dieß gütlich oder
nach **Minne**, wie man damals redete. Es
mußte aber pér pares geschehen. Die Schieds-
richter mußten den streitenden Personen insgemein ebenbürtig seyn. Sie mußten halb Geistliche und halb von der Ritterschaft seyn. Die
Geistlichen gehen voraus. Dieß waren Ple-
bani oder Pfarrherren, wie man sie damals
nennete. Vermuthlich waren sie auch aus dem
Ritterstande entsprossen; woraus damals die mei-
sten Pfarrherren waren — 2) Dann folgen
die

2) Dieß findet sich auch in dem Hause von Seckendorf. So war Herr Johann von Seckendorf
im J. 1384 Pfarrer zu Langenzenn. Er stifte-
te das Spital daselbst, und in dem Stiftungs-
brief heißt es: Ich Hanns von Seckendorf
Thumherr zu Babenberg vnd Pfarrer zu Langenzenn — Und in dem Bestättigungsbrief
des

die Weltlichen. Hier stehet nun der Herr Diet=
mar Riedesel oben an. Dietmar ist der
Taufname; Riedesel aber ist sein Zuname.
Aber, warum stehet er unter den Schiedsrichtern
ganz oben an? Gewiß deswegen, weil er der
älteste Ritter unter den dort angeführten Rittern
war. Diese Urkunde enthält also folgende wich=
tige Wahrheiten. Die Herren Riedesel stam=
men nicht von einem gemeinen Geschlecht ab;
wie einfältige oder unwissende aus dem Namen
Riedesel schlüssen. Sie stammen von einem
Rittermäßigen Geschlecht ab. Dieß siehet man

A 5   hand=

des Herrn Burggravens Friederich von Nürn=
berg über diese Stiftung heißt es: Unser lieber
getrewer Her Johans von Seckendorf Tum=
her zu Bamberg vnd rechter Pfarherr in vn=
ser Stat zu Langenzenn — Vorher war
auch Herr Burkhard von Seckendorf Pfarrer
in diesem Ort. Auch war ein Herr Hanns von
Seckendorf Pfarrer zu Cadolzburg. Diese
Pfarrstelle war gar vorzüglich oder in besondern
Ehren, weil die Herren Burggraven den Som=
mer über sich meistens zu Cadolzburg aufhielten.
Ferner wurde Herr Walther von Seckendorf
Domherr zu Würzburg in Jahr 1364 Pfarrer in
Windsbach, wie diese Urkunde bezeuget: *Berch-*
toldus dei gracia Episcopus Ecclesie Eystetensis
Discreto viro *Rabnoni Decano in Obernefchenbach*
Salutem in domino. Quia *Walthero de Sekken-*
dorf, Canonico Herbipolenß (Domherr zu Würz=
burg) ad Ecclesiam parochialem in *Wnisbach,*
noftrae Dyocefis vacantem ex liberæ refignacione
Chunradi dicti *Vulpis* vltimi Reftoris ipfius, nobis a perfpectabili viro, domino *Friderico Comite*
de Nurnberch, (Burggrav zu Nurnberg) patruo

handgreiflich aus der Urkunde. Im Jahr 1226 war der Herr **Dietmar Riedesel** ein Miles. Und was bedeutet dieß? Er hatte einmal das Cingulum Militare schon längst bekommen, das ist, er war in einer Kirche vor dem Altar, nebst andern Personen mit den gewöhnlichen Feierlichkeiten wehrhaft gemachet, oder es ist ihm das Schwerd angegürtet worden, von welcher Gewohnheit ich in dem dritten Stück meiner Wappen-Belustigungen umständlich gehandelt habe. Ueberdem war dieser Herr **Dietmar Riedesel** auch zum Ritter geschlagen. Deswegen heißt er Miles. Hieraus folget: Dieser Herr kann im

noſtro dilecto, eiusdem eccleſiae vero patrono, pro perpetuo Rectore praeſentato, curam animarum, reliquias, ac regimen populi in animam ſuam commiſimus per *librum ipſum inueſtientes* Eccleſia de eadem. Quare tibi peaecipiendo mandamus, quatenus ipſam eccleſiam accedens per te, vel alium ipſam Waltberum parochianis, & populo praeſentes ibidem, ſibique de fructibus, redditibus, Iuribus ac obuencionibus vniuerſis, & ſingulis ipſius eccleſiae tanquam *vero Rectori*, integre facias reſponderi, Necnon reuerenciam et obedienciam debitam et condignam exhiberi, adhibitis ſollempnitatibus debitis et conſuetis datum *Eyſtet* anno domini Milleſimo. CCCLX quarto dominica proxima, poſt diem beati Nycolai Epiſcopi. Man ſieht aus den beigebrachten Exempeln, daß die Herren Burggraven in Nürnberg ihre beßten Pfarren, wo ſie das Jus Patronatus hatten, dergleichen Langenzenn, Cadolsburg und Windsbach war, mit Perſonen aus dem Hauſe Seckendorf von Zeit zu Zeit beſezet haben, wenn nämlich Clerici aus ſelbigen da waren. Ueberhaupt waren die Herren Burg-

im Jahr 1226 nicht mehr jung gewesen seyn.
Er muß schou Feldzüge gethan haben. Er muß
sich in selbigen auch tapfer erzeiget haben. Sonst
wäre er nicht zum Ritter geschlagen worden. Er
muß also im Jahr 1226 älter als 26 Jahr gewesen seyn. Dieß kann man auch daher abnehmen, weil er wegen seines Alters den andern
Rittern vorstehet. Folglich wird er im dreize-
henden Jahrhundert nicht gebohren seyn. Er
muß schon im zwölften Jahrhundert gebohren
worden seyn. Wenigstens wird seine Geburt in
das Jahr 1190 zu sezen seyn. Dieser Herr Dietmar Riedesel muß nun einen Vatter gehabt
haben, der lange vor dem Jahr 1190 gelebet hat,
und vom gleichen Stand gewesen ist. Vermuthlich hat er Conrad geheißen, der in den Jahren
1.165 gelebet hat. Dieser muß wieder einen
Vatter gehabt haben; Denn unmittelbar ist er
doch nicht von Gott, wie Adam erschaffen worden. Es folget also hieraus sicher: Die Herren
Riedesel stammen aus einem uralten Rittermä-
sigen Geschlecht ab. Ich glaube daher, daß ein
Herr Riedesel mit unter den Rittern gewesen
seye, welche im eilften Jahrhundert mit dem Lu-
dovico Barbato aus Heßen nach Thüringen gezogen

graven und auch die nachmaligen Herrn Markgraven beständig darauf bedacht, alle Personen aus
dem Seckendorfischen Hause zu versorgen und
glücklich zu machen. Es ist aber auch dieß ein
Beweis, daß sie sich müssen besonders verdienet
gemacht haben, daß immer große Genie in selbigem gewesen seyen.

zcgen find. 3) Ich vermuthe dieß besonders mit
daher, weil das Riedeselische Haus auch in Thüringen begüttert war; wie man unter andern
aus **Rudolphi** Gotha Diplomatica abnehmen
kann.

Hier sehen **Eure Hochfreiherrliche Gnaden** das Alterthum desieuigen Hauses, mit welchem Sie so genau verbunden worden. Könnte
man auch keinen ältern Herrn **Riedesel** als vom
J. 1226 aufstreiben, oder aus den Urkunden er-
proben: so wäre dieß schon alt genug. So weit
können die wenigsten Herren von Adel zurück gehen. Denn ob sie gleich auch alt seyn mögen:
so haben sie doch hierüber keine Beweise — Nun
erlauben **Eure Hochfreiherrliche Gnaden,**
daß ich meine Gedanken über den Namen **Riedesel** vortragen darf. Ich hoffe, es soll dieß Ihnen nicht unangenehm seyn; da Sie nun diesen
Namen führen, da Sie ihn so oft schreiben werden, und auch Dero Nachkommenschaft diesen
Namen führen wird — Es ist ein merkwürdi-
ger Name der **Riedesel.** Warum hat dieß
Haus wol einen solchen Namen angenommen?
Warum schrieb es sich nicht von einem Ort, oder
von einer Burg, wie die andern Herren vom
Adel? Diese nennten sich von dem Ort, wo sie
                                        woh-

3) Wie die also betitelten Annales breves in **Ayer-
manns Einleitung zur Heßischen Historie** S.
174 in der Anmerkung mit diesen Worten berichten: cum duodecim militaribus venit in Thurin-
giam — Was die Militares seyen, das habe ich
in dem fünften Stück meiner **Wappen-Belustigungen** umständlich erkläret.

wohneten, und wo ſie begüttert waren. Die Herren Riedeſel werden auch Gütter gehabt haben.
Denn ohne dieſe laſſen ſich Perſonen von einem
ſolchen Stande gar nicht vorſtellen. Sie durften ia keine Handthierung treiben; womit ſie ſich
nähren konnten. Sie durften überhaupt kein
Geſchäfte treiben, wie heut zu Tage die Bür-
ger treiben. Sie durften auch das Land nicht
bauen. Dann das bekannte Sprüchwort, daß **ein
Edelmann Vormittag zu Acker gehen
und Nachmittag in den Turnir reithen**
dürfe, beweiſet nicht, daß dergleichen Perſonen
ſelbſt geackert hätten, wie von mir im fünften
Stück der Wappen-Beluſtigungen iſt gezeiget
worden. Von Geldbeſoldungen wußte man wegen großen Mangel des Gelds ehehin auch nichts.
Folglich mußten dergleichen Perſonen nothwendig Gütter beſizen, davon ſie lebten, und auch
Leibeigene mußten ſie haben, welche ſie baueten.
4) Es iſt gewieß, das Wort **Riedeſel** iſt nicht
der

---

4) Daß die Herren von der Ritterſchaft ihre Leibeigene, wie die vom hohen Adel gehabt haben, das
iſt bekannt genug. Ihre iezigen Unterthanen
waren ia ehehin alle Leibeigen. Sie hatten eben
die Macht über ſie, wie die Herren von hohem
Adel über ihre Leibeigene hatten. Zum Beweis
dieſer Wahrheit muß ich ein beſonderes Exempel
aus dem Hauſe von Seckendorf anführen. Die
noch ungedruckten Annales Heilsbronnenſes, welche ein ungenannter im J. 1304. geſchrieben hat,
berichten unter angezogenem Jahre folgenden ſehr
merkwürdigen Umſtand: *Arnoldus Miles de Seckendorf* Aduocatus in *Dacbsbacb* accipiens partem
peou-

der Name eines Orts. Zwar, wenn es dem
Hager in seiner Geographie nachgehet: 5) so
lieget in Heßen ein Ort, welcher Riedesel heißt.

Aber

pecuniae a Chunrado dicto Stahl fabro in Gerhards-
hoven ipsum et vxorem ejus et omnes heredes eo-
rundem, tam praesentes, quam futuros in vinculo
proprietatis seu servitutis pronunciat liberos ——
Dieser Herr Arnold von Seckendorf war Burg-
gräflich Nürnbergischer Vogt (Aduocatus) zu
Dachsbach. Denn dergleichen Aemter verwal-
teten ehehin nur die Herren von der Ritterschaft
oder von dem heutigen Adel. Andere Personen
waren dazu unfähig; weil alles Leibeigen war
—— Er heißt aber Miles; weil er zum Ritter geschlagen war. Dieser hatte einen Leibeigenen,
der ein Schmidt zu Gerhardshofen war, und welcher Ort nicht weit von Dachsbach lieget. Ob
der Herr Arnold von Seckendorf mehrere Unter-
tanen an diesem Ort hatte, das kann ich nicht
sagen. Es war dieß auch nicht nöthig. Der
Leibeigene blieb ein Leibeigener, er mogte hinzie-
hen, wohin er wollte. Denn sein Leibherr behielte
immer sein Recht über ihn, über sein Weib und
Kinder —— Ohnfehbar war gedachter Schmidt
von einem Seckendorfischen Ort nach Gerhardshofen gezogen. Demohngeachtet blieb er ein
Seckendorfischer Leibeigener; bis er sich sein
Freyheit erkaufte —— Aus diesem Umstand lege
sich zu Tage, daß die Herren von der Ritterschaf
eben das Recht über ihre Leibeigene hatten, wie
die Herren vom hohen Adel ——

5) Im zweiten Theil S. 512 num. 17. da schreibet
er nun also: Riedesel soll ein Amt in dieser Gegend seyn; ich habe aber weder auf der Char-
te oder sonst etwas davon finden können. Es
werden auch andere nichts davon finden. Was
nicht in der Welt ist, das kann Niemand finden.

Aber es verhält sich dieß nicht also. Dergleichen
Ort ist weder in Heßen, noch sonst zu finden.
Man kann dieß schon daher abnehmen, weil in
den Urkunden niemals das Wort *von* voranste=
het. Es heißt niemals *von Riedesel* — —
Der oben angezogene Herr *Dietmar* schreibet
sich nicht Dietmar *von Riedesel*. Die andern
zwo Personen aber schreiben sich *von*, und dieß
waren Orte, wovon sie sich schrieben. Auch die
andere Herren aus diesem Hause schrieben sich
nie *von Riedesel*. Also ist das Wort Ried=
esel ein Zuname. Deswegen wird in den Ur=
kunden manchesmal das Wort dictus vorangese=
zet. So stehet in einer Urkunde des Erzbischofs
Peter zu Mainz 6) vom Jahr 1312. Ger-
hardo Decano Frizlariensi et *Joanni dicto Riedesel* Milite — Und in einer andern Urkunde 7)
stehet : Nos *Johannes dictus Reydezel* & Wenzelo de Englehufen Milites, Rupertus de Merlauwe, Armiger, 8) Dietmar de Amenen-
burg — Scabini in Grunenberg recognosci-
mus — desgleichen vom Jahr 1323 9) Acta
sunt haec praesentibus Wernhero dicto Lange-
schen-

---

6) In **Kuchenbeckers** Analect. Hass. Collect. 1. p. 236

7) In **Kuchenbeckers Nachrichten** von den Heßi=
schen Hofämtern S. 120

8) Dieser Rupertus de Merlauwe heißt hier Armiger,
weil er Waffen, und besonders den Degen tra=
gen durfte. Aber zum Ritter war er noch nicht
geschlagen. Deswegen wird er von den Militibus
unterschieden.

9) In den Annalect. Hass. Collect. IX. pag. 198

ſchenckel Milite, 10) — Wigando et Ecke-
hardo fratribus dictis de Roerenfort 11) *Wigando et Joanne fratribus dictis Riedeſſel* famulis
— 12) Das Wort dictus heißt hier ſo viel als
genannt oder mit dem Zunamen, **Riedeſel**
— Es lieget alſo klar am Tage, daß der Name
Riedeſel ein bloſer Zuname ſeye. Es iſt aber
auch dieß gewieß, daß er von dem **Wappen-**
bild angenommen worden; nämlich von dem
Eſelskopf, welcher ein Riedgras von dreien Blät-
tern im Maul hat. Dieß Wappenbild wurde
nun der **Riedeſel** genennet; denn dieſer Eſelskopf ſoll eigentlich einen ganzen Eſel vorſtellen.
Aber, warum nahm dieß Haus den Namen von
ſeinem Wappenbild an? Die Perſonen aus dieſem Hauſe mußten einen Unterſcheidungs-Na-
men haben, um ſich dadurch von andern Ge-
ſchlechten ihres Standes zu unterſcheiden. Warum nahmen ſie aber nicht den Namen von einem
Schloß oder von einem Dorf an, wo ſie ihr Schloß
hatten, wie die andere thaten? Hierauf will ich
nun antworten. Wenn dieß recht geſchehen ſolle: ſo mus ich erſt eine Beſchreibung von dem
Ort

10) Dieſer Miles oder Ritter hat den Zunamen Lan-
geſchenkel von den langen Schenkeln. Vermuthlich hat der Stammvatter ſolche Schenkel
gehabt.

11) Röhrenfurt ein uraltes Geſchlecht, welches ehehin das Marſchallamt daſelbſt bekleidet hat, ſo
wie es vorher die Herren von Eiſenbach hatten.

12) Was oben armiger hieß, das bedeutet hier fa-
malus. Er war nämlich noch nicht zum Ritter
geſchlagen.

Ort machen, nämlich von **Marburg**, allwo die
oben angezogene Urkunde vom J. 1226 ist aus,
gefertiget worden. Dieser Ort war vormals der
wichtigste in Heßen. Es war ein Schloß da,
selbst, welches eben Marburg genennet wurde,
13) und wozu ein weitläuftiges Gebiet gehörte.
Diese Burg mußte nun verwahret werden. Es
mußten Personen sich bey selbiger aufhalten, wel,
che den Landfrieden hielten, und welche Recht
und Gerechtigkeit handhabten. Dieß waren nun
Personen vom Militärstande. Sie finden sich
auch in einer Urkunde 14) des Landgravens
Heinrichs in Thüringen und Herrn zu Heßen
vom Jahr 1228; denn hier stehet also : Henri,
cus — Landgrauius — vniuersis ministerialibus suis, Castrensibus, Burgensibus, et Sculte-
tis de *Marburg* — salutem et omne bonum
— quod monasterium de Arnsburg cum per-
sonis, et grangiis in regimine nostro sitis, fi-
delitati vestrae committimus. Mandantes vo,
bis et praecipientes districte, quatenus tam per,
sonas, quam res praenotati monasterii sicut
propria bona defendatis — Diese hier benam,
ten Personen hatten nicht nur die Verwahrung
des vesten Schloßes zu Marburg; oder sie muß,
ten sorgen, daß dieß Schloß von geringern Perso,
nen bey Tag und Nacht wohl verwahret wurde.
Sie

13) Marburg hat seinen Namen von dem Fluß Mar,
bach.

14) Sie stehet in des Freiherrn von **Gudenus** Cod.
Diplom. Tom. III. pag. 1095.

B

Sie hätten auch in Abwesenheit des Landgravens die Staats und Landes-Sachen zu besorgen. Sie waren soviel als was heut zu Tage der Hofrath oder die Regierung ausmachet. Solche Personen waren nun aus verschiedenen Geschlechtern zu Marburg. Es hatte daselbst ein jeder aus diesen Geschlechtern seine eigene Wohnung oder ein Schloß. Sie mußten nothwendig bey der Burg wohnen. Hier wohneten nun auch die **Herren Riedesel** vor beständig; weil sie auch die Landes und Staatssachen mit zubesorgen hatten. Denn hätten sie nicht zu Marburg beständig gewohnet, und gewieß schon von der Zeit an, da diese Burg erbauet worden, (es geschahe dieß aber im eilften Jahrhundert, und vielleicht noch ehender) hätten sie sich an einem andern Ort in Hessen aufgehalten: so würden sie sich davon geschrieben, und so würden sie auch davon ihren beständigen Namen bekommen haben. Dabey ist auch dieß gewiß, daß der erste Herr **Riedesel** oder der Stammvatter des **Riedeselischen** Hauses nicht in Marburg entstanden ist. Vielmehr ist er von einem fremden Orte nach Marburg gekommen, und hat daselbst sein Haus erbauet. Daß aber die Herren **Riedesel** an diesem Orte beständig gewohnet haben, dieß lässet sich schon aus der oben unter dem Jahr 1226 beygebrachten Urkunde abnehmen, als die in **Marburg** ausgefertiget worden. Man siehet daraus, daß die strittigen Pesonen nach Marburg gereißet sind, und daselbst haben ihren Streit ausmachen lassen. Folglich muß der Herr **Dietmar Riedesel** zu

Mar

Marburg gewohnet haben. Es lässet sich aber noch mehr aus einer andern Urkunde vom Jahr 1324 abnehmen, daß die Herren **Riedesel** zu Marburg gewohnet haben, und daselbst begüttert gewesen seyen. Die Burggrävin **Agnes** zu Nürnberg, eine gebohrne Landgrävin zu Heßen, gieng nach dem Tod ihres Gemals wieder in ihr Vatterland, und zwar nach Marburg zurück. Vermuthlich that sie dieß um der heiligen Elisabeth willen; wie ich schon in den Baireuther wöchentlichen historischen Nachrichten vermuthet habe. Zu Marburg hatte nun diese Prinzeßin kein eigenes Haus, und im Fürstlichen oder Landgräflichen Schloß durfte sie auch nicht wohnen. Sie kaufte sich daher einen Plaz, und ließ sich eine Wohnung darauf bauen. Diesen Plaz aber kaufte sie einem Herren **Riedesel** ab. Hier ist der Beweis: Nos *Agnes Relicta quondam Johannis Burggravii de Nurnberg* — dedimus et damus Provisori hospitalis infirmorum S. Francisci apud Marburg, Domum nostram cum fundo et area — cujus aream erga 15) *Johannem Riedesel Militem* emeramus — solo nobis in dicta domo usufructu quam diu vixerimus reservato — Hier ist ein deutlicher Beweis, daß die Herren **Riedesel** zu Marburg

B 2　　　　　　begüt-

---

15) Das Wort erga heißt in der lateinischen Sprache mittlerer Zeiten so viel als bey. Es wird in diesem Verstand gar oft gebrauchet. So stehet in des *Pistorii* Script. Rer. Germ. pag. 820. nach der ersten Ausgabe: Gumpertus de Reinboldsdorf decimam in Miltendorf *erga* Henricum Burggravium de Blankenhayn emit —

begüttert gewesen sind.   Sie werden aber daselbst diesen oben Plaz nicht allein besessen haben.
Dieß ist leicht zu begreifen.   Sie mußten in
Marburg eine ihrem Stand gemäse Wohnung,
oder ein Schloß haben, 16) und auserdem viele andere Gütter, wovon sie leben kdnnten. Dieß
kann man auch aus einem Umstand in dem Erbver-
trag abnehmen, welchen das Riedeselische Haus
im J. 1586 errichtet hat.   Hierinn werden Höfe, Gütter und Gefälle angeführet, welche einigen Bürgern zu Marburg, von alten Zeiten her,
versezet waren. Nothwendig werden diese Gütter in oder um Marburg gelegen gewesen seyn.
Sie müssen auch noch da seyn.   Es geben also
alle Umstände, daß die Herren Riedesel von
den ältesten Zeiten an zu Marburg gewohnet
haben.   Sie sollten sich also auch von Marburg schreiben.   Der obige Herr Dietmar hätte
sich Dietmarus de Marburg schreiben sollen.
Dieß gieng aber nicht wol an; weil mehrere adeliche Familien daselbst wohneten.   Diese hätten
sich auch von Marburg schreiben müssen, und
haben auch sich einige davon geschrieben. 17)
Aber

---

16) Vermuthlich ist das Riedeselische Schloß oder
Haus zu Marburg bey einer Belagerung zerstöh-
ret oder sonst durch einen Zufall vernichtet worden.   Die Herren Riedesel mögen Ursache gehabt haben, warum sie es nicht mehr aufbauen
ließen.

17) So findet sich unter andern in Kuchenbeckers
Analect. Hass. Collect. 1. pag. 307. folgende: Gun-
dramus et Ludovicus fratres et Milites de *Marburch*

Aber dadurch wäre eine Verwirrung unter deu Familien entstanden. Man hätte nicht gewußt, wer eigentlich gemeynet seye. Daher mußte man auf Unterscheidungs-Namen bedacht seyn. Ich will dieß durch Exempel erläutern. In einer Urkunde (8) vom Jahr 1265 kommen folgende Personen vor, welche zu Marburg gewohnet haben. Segenandus Scultetus in Marburg, item Ospertus, Humpertus, Hermannus Dens, Sifridus in Fossato, Conradus de Domo Lapidea, Scabini Marburgenses — Die hier benannten Scultetus und Scabini wohneten alle zu Marburg. Sie waren auch alle vom Militärstande. Sie konnten sich aus schon angezeigter Ursache nicht alle von Marburg schreiben. Sie mußten sich daher Zunamen geben. Und sie gaben sich artige Zunamen. Der erste nennte sich blos den Schultheißen zu Marburg, ohne sich einen andern Namen zu geben. Einige haben gar keine Zunamen, als der Ospertus, welches ein Taufname, und aus welchem der Zuname Esper entstanden ist, und Humpertus, welches auch ein Taufname ist, aus welchem auch ein Zuname entstanden ist. Der vierte hat einen Zunamen. Dieser hieß Dens, das ist Zahn.

B 3

Der

burch und 1226 Wideroldus de *Marburg* — 1263. Conradus de *Marburch* — Noch mehrere finden sich in des Freiherrn von Gudenus Cod. Dipl. in allen Theilen. Man darf nur unter dem Wort Marburg das Register aufsuchen.

18) In des Freiherrn von Gudenus Cod. Diplom. Tom. II. pag. 154.

Der fünfte wohnete auf dem Graben zu Mar=
burg, womit dieser Ort umgeben war. Deßwe=
gen bekam er den Zunamen von dem Ort seiner
Wohnung. Er heißt de Fossato. Der sechste
wohnete in einem steinernen Haus, und davon be=
kam er seinen Zunamen. Wie denn auch daher
der Zuname Steinhauser entstanden ist. In
steinernen Häusern, die sonst auch *Kaminaten* 19)
oder auch *Kemnaten* genennet wurden, durfte
aber Niemand als abeliche Personen wohnen.
Andere durften dergleichen nicht bauen, und auch
nicht bewohnen — Daher bekamen nun die abe=
lichen Personen, welche in den Städten oder in
den Burgen wohneten, besondere Namen. Ich
will aus einer Urkunde 20) der Reichsstadt
Friedberg vom Jahr 1263 dieß noch mehr er=
läutern. Hier haben auch verschiedene Ritter=
schaftliche oder abeliche Personen gewohnet, und
wohnen dergleichen auch noch daselbst. Sie hat=
ten auch das Regiment in dieser Stadt. In ge=
dachter Urkunde kommen folgende Personen zum
Vorschein: praesentibus W. Burggravio. Fr.
quondam Burggravio — Ervino dicto Leoni,
Eberhardo Weise. C. Rufo. Fr. Boemo, Militibus — — Dieß waren lauter Personen
aus dem Militärstande, und waren auch alle zu
Rittern geschlagen. Darum stehet am Ende Militibus. Sie wohneten auch alle zu Friedberg.
Erst=

---

19) Von dem Slavischen Wort Kamen ein Stein —

20) In des Freiherrn von Gudenus Cod. Diplom.
     Tom. II. pag. 144.

Erſtlich der Burggrav, und dann der alte Burggrav;
weil dieſe Stelle damals nicht beſtändig war, ſondern insgemein nur ein Jahr dauerte, wie damals
alle Aemter dauerten, daher es auch noch kommet,
daß die Knechte und Mägde alle Jahr aufs neue
gedinget werden — Dann kommt der **Erwin**
mit dem Zunamen **Löw.** Dieſer war von ade-
licher Herkunft oder vom Militärſtande. Deswegen kommt in den folgenden Zeiten, und zwar
zu der Zeit, da das Concilium zu Coſtniz gehalten wurde, ein **Eberhard Löw, Burggrav**
zu Friedberg vor. Darauf folgen zwo Perſonen, welche von der Geſichtsfarbe ihren Zunamen bekommen haben, nämlich **Weiß 21)** und
Roth. Gewiß erhielten ſie dieſe Zunamen von
ihren Stammvättern. Der lezte Zeuge oder
vielmehr ſein Vatter, oder auch ſein Grosvatter
war aus Böhmen nach Friedberg gezogen, und
vermuthlich hat ihn eine Heirath dahin gezogen.
Hier hieß man ihn nun den **Böhmen,** *) und
ſeine ganze Nachkommenſchaft behielte dieſen Zunamen. Dieſe Perſonen gaben ſich alſo allerhand Zunamen (weil ſie ſich von dem Ort ihres
Aufenthalts oder ihrer Wohnung, nämlich von
Friedberg nicht ſchreiben wollten) um ſich von
einander zu unterſcheiden. Daher kam es auch,

B 4 daß

---

21) Dieſe **Weiſen** ſchreiben ſich nachgehends die **Wei-**
ſen von Feuerbach, auch manchmal die **Weiſen**
von Friedberg —

*) Dieſe Böhmen werden diejenigen ſeyn, welche in
den folgenden Zeiten ſich **Böhmen von Mörle**
genennet haben.

daß dergleichen Personen blos bei ihren Taufnamen genennet wurden, und die nachgehends zu Familien oder Zunamen geworden sind. Ich mus deswegen noch zwey besondere Exempel anführen. In einer Urkunde vom Jahr 1253 22) kommen folgende Zeugen vor: Conradus *Milchelinc* et *Dimarus* Milites. Das Wort Milcheling ist ein Taufname. Man siehet dieß aus folgender Urkunde: nos Milchelingus de Nordecken et Henricus de Gride Milites — 23) Jener Taufname wurde also zu einem Zunamen der berühmten Hessischen Familie, die auch eine Zeitlang in unsern Franken geblühet, und davon die bekannte Burgmilchling 24) in dem benachbarten Willhermsdorf ihren Zunamen bekommen hat. Der andere Zeuge hat gar keinen Zunamen. Er gieng den vorhergenden Zeugen nichts an. Denn sonst hätte er auch seinen Zunamen bekommen — Er wird blos nach seinem Taufnamen Diemar genennet. Aus diesen Tauf-

---

22) Bei dem Freiherrn von Gudenus am angezogenen Ort Tom. II. pag. 109.

23) In Auchenbeckers Nachrichten von den Heßischen Hofämtern S. 135

24) Wenn Estor in der Anweisung zur Anenprobe S. 279 schreibet, daß die Herren Milchling in Franken mit Gütern, nämlich mit Burg Milchling sich ansäsig gemachet: so ist zu wissen, daß diese Herren haben zu Willhelmsdorf (denn so hieß ehehin dieser Ort) ein neues Schloß bauen laßen, und dieß nennteten sie die Burgmilchling. Vorher stunde schon ein Schloß an diesem Ort, darinn die Herren von Willhelmsdorf wohneten.

Taufnamen wurde ein Familien-Namen. Man kann die Ursache aus folgender Urkunde 25) abnehmen, allwo stehet: *Dimarus* et Philippus Caſtrenſes in Callmunt — Der obige Diemar iſt gewieß kein anderer, als der hier vorkommt. Er war alſo ein Caſtrenſis in Callmunt. Dieß war ein veſtes Kaiſerliches Schloß bei der Reichsſtadt Wezlar, das nun aber zerſtöhret lieget, und insgemein Kalſchmid genennet wird. Der Diemar war nun ein Burgmann daſelbſt. Er mußte alſo auch daſelbſt wohnen. Deswegen wollte er ſich nicht von dieſem Ort ſchreiben; weil mehrere Familien daſelbſt wohneten. Dieſer Name iſt nun zu einem Familien-Namen geworden. Man nennte die Nachkommenſchaft dieſes Diemars die Diemar. Ganz gewieß ſtammen die Freyherren Diemar davon ab. Man kann dieß ſchon daher ſchlüſſen, weil dieſe Herren ſich nicht von Diemar ſchreiben (und dieß billig alſo; denn Diemar iſt kein Namens-Ort) ſondern ſchlechthin Diemar. —

Doch, wo komme ich hin! Bei nahe hätte **Eure Hochfreiherrliche Gnaden** und das Hochfreiherrlich Riedeſeliſche Haus ich darüber vergeſſen — Ich will nun ernſtlich wieder an bieß vornehme Haus gedenken. Dieſe Herren **Riedeſel** wohneten, wie ſchon gedacht, zu Marburg; wo ſich mehrere adeliche Familien enthielten. Es war alſo nöthig, ſich von ihnen zu unter-

B 5

25) Vom J. 1270 in des Freiherrn von Gudenus Cod. Dipl. Tom. II. pag. 175.

terſcheiden. Deswegen nenneten ſie ſich **Riedeſel**, nach ihrem Wappenbild. Aber warum
nach dem Wappenbild? Es geſchahe dieß aus
folgenden Urſachen. Einmal war der Schild,
oder vielmehr das **Bild** in demſelben, oder das
Wappenbild das Hauptkennzeichen, woran man
eine Perſon erkennete, beſonders bey den Turni-
ren und in den Feldzügen. Hier waren nun Rit-
termäſige Perſonen im Harniſch, und das Geſicht
war mit dem Helm zugedeckt. Man kennete alſo Niemand als an ſeinem Schild, welchen er am
linken Arm hatte. Sahe man einen ſolchen
Herrn: ſo kennete man ihn an ſeinem Schild, und
darnach gab man ihm den Namen. Z. Er .das
iſt der Riedeſel — So ſagte man, wenn
man eine Perſon aus dieſem Hauſe im Turnir
erblickte — Darnach war es auch aufertem gewöhnlich, daß man den Zunamen nach dem Wappenbild bekam. Ich will einige Exempel anführen. Der groſſe Herzog **Heinrich** in Baiern
und Sachſen hat ſeinen Zunamen von dem Wappenbild bekommen. Er hieß deswegen **Heinrich der Löw**, von dem Löwen, welchen er im
Schilde führete. In Baiern lebten ehehin die
Graven von Hag; deren Lande oder Gravſchaft
das Haus Baiern als ein Reichslehen beſizet.
Dieſe wurden die **Gurren** genennet, und zwar
auch nach ihrem Wappenbild. Denn **Gurr** bedeutet ein Pferd, und man ſaget noch, du alter
Gurr. 26) In eben dieſem Lande war noch ein anderes

26) Wie in den Monum. Boi. Vol. V. Tab. 1. Num. 23.
zu

deres vornehmes Geschlecht bekannt, welches auch
zum hohen Adel gehörte, oder aus dem Herrn=
Stand war, und sich Frumesel oder From=
esel nennte. 27) So stehet in einer Urkunde
28) vom J. 1277. Herr Weimar der Frum=
esel — Und in einer andern vom J. 1286
kommet er also zum Vorschein: ex donatione
Weimari cognomine *Probi Asini* — 29) Die=
sen Zunamen bekam er nun von seinem Wappen=
bild, welches ein Esel war. 30) Aber warum
nennte er sich Fromesel? Warum nicht schlecht=
hin Esel? Das Wort Fromm gehet wohl nicht
auf

zu ersehen ist. Ueberdem befindet sich in Köh=
lers Münzbelustigungen auf das Jahr 1743.
im 6ten Stück S. 41 ein Thaler des lezten Gra=
vens von Hag in Kupfer, worauf der Gurr oder
das Pferd auch zu sehen ist. Daß aber jene Gra=
ven schlechthin sind die Gurren genennet worden,
dieß siehet man aus der dort angeführten Urkun=
de K. Friederichs II. vom J. 1245. allwo so ste=
het: in comitatu de Hage, in quo quondam *Gur=
roni* fideli nostro successit —

27) Daß die Fromesel zum hohen Adel gehöret ha=
ben, dieß kann man aus einer Urkunde in den Mo=
num. Boi. Tom. III. pag. 135 abnehmen. Denn da=
selbst stehet unter dem J. 1237. also: Rapoto Pa=
latinus de Ortenberg, *Sifridus Frumesel*, Wern=
hardus Comes de Leonberg — Hier stehet der
Frumesel unter Personen vom hohen Adel. Folg=
lich muß er von eben diesem Stande gewesen seyn.

28) In den Monum. Boi. Vol. V. pag. 17.

29) Ebendaselbst S. 28

30) Dieß kann man in den Monnm. Boi. Vol. III. auf
der daselbst befindlichen Kupfertafel. Tab. IX.
Num. 36. ersehen.

auf den Esel im Schilde. Die Esel, besonders
die zahmen, sind von Natur alle fromm. Dieß
Wort hat vielmehr seinen Bezug auf die Person,
welche dies Wappenbild führete. In einer Urkunde des Herzogs Heinrich in Baiern vom J.
1262 31) wird er schlechthin Esel genennet.
Denn so heißt es unter den Zeugen : Wimarus
Afinus. In den folgenden Urkunden wird er
Fromesel genennet. Was mag wohl die Ursache davon seyn? Das Wort fromm bedeutet in
der alten deutschen Sprache so viel als tapfer.
32) Vermuthlich hat einer aus diesem Hause
sich bey einer gewießen Gelegenheit besonders tapfer erzeuget. Deswegen mag er nachgehends
der fromme Esel genennet worden seyn. Vorher aber wird er oder die ganze Familie nur
schlechthin Esel genennet worden seyn. Sonst
kann ich keine Ursache errathen, warum jenes
Geschlecht diesen Beinamen bekommen habe.
Doch ist gewieß, daß der Esel überhaupt ein Bild
der Stärke gewesen ist. Man kann dieß von
dem abnehmen, was Du Fresne von einem gewissen Gaufredo anführet 33) der auch den Zunamen Esel hatte, und von welchem er sagt, er
seye nicht wegen Faulheit so genennet worden ;
son-

---

31) In des Herrn Hofraths *Oefele* Script. Ber. Bol.
   Tom. I. pag. 716

32) Wie ich im fünften Stück meiner Wappenbelustigungen bewiesen habe.

33) In seinen Glossario Med. Latinit. Tom. I. pag. 426,
   allwo dieß stehet: Gaufredus propter *vires*, non
   propter *pigritiam*, *Afinus* cognominatus est.

sondern wegen seiner **Stärke** — Noch muß ich berühren, daß diese Familie in den Baierischen Urkunten auch **von Scherdingen** genennet werde. So stehet unter dem Jahr 1293. **Ich Sigfried Frumesel von Scherdingen.** 34) Zu Scherdingen wohneten mehrere abeliche Personen, wie sich aus den Baierischen Urkunden ergiebet. Zum Unterscheid mögen sich nun die **Fromesel** auch nach ihrem Wappenbild genennet haben — So war auch in Oesterreich ein abeliches Geschlecht bekannt, welches sich **Esel** nennte. Denn es kommet in einer Urkunde, welche im J. 1210 zu Wien ausgefertiget worden, unter den Zeugen ein **Vlricus Esel** vor. 35) So haben wir auch in Franken dergleichen Exempel. In unserer Nachbarschaft ohnweit der Reichsstatt Windsheim lieget das Dorf **Illesheim,** dessen älteste Besizer nennten sich manchmal schlechthin die **Esel,** und manchmal die **Esel von Illesheim.** 36) So stehet in der noch ungedruckten Urkunde eines Gravens von Truchenbingen vom Jahr 1318, welche zu Nürnberg ist ausgefertiget worden: Arnold Gutende, Hörauf und Aberbar von Segkendorf, Hanns von Hohenegke (er war auch einer von Seckendorf) **Cunrad Esel,** Friederich zu Paierreut (auch von Seckendorf. Er war Voigt daselbst,

34) In den Monum. Bol. Vol. V. pag. 31
35) In den Monum. Bol. Vol. IV. pag. 151
36) In dem ersten Theil meiner Historischen Sammlung S. 58 kommet unter dem J. 1288. ein Conradus Asinus de Illesheo unter den Zeugen vor.

selbst, und vermuthlich war ein Herr Burggrav
von Nürnberg sein Taufbath) Arnold genannt
der Pfaffe von Hohenegke (auch von Seckendorf)
Hier stehet nun ein Esel mitten unter Rittern,
mitten unter Turnirmäsigen, und, was noch mehr
ist, mitten unter Stiftsmäsigen Personen (leztes
res hat mehr zu bedeuten als das erste,) denn es
konnte einer zwar Turnirmäsig seyn; aber des,
wegen war er nicht Stiftsmäsig) und dieß wa,
ren Herren von Seckendorf. Folglich muß
der Cunrad Esel von gleichem Stande gewe,
sen seyn. Man kann dieß noch mehr daher ab,
nehmen; weil beyde Geschlechter mit einander
verschwägert waren. Hernach stehet in einer
Urkunde 37) vom J. 1324 Gottfried Lesche,
Cunrad von Külsheim, Friz der junge Esel
— vom Jahr 1336 die vesten Ritter Arnold von
Seckendorf, Cunrad Esel und Friz Esel 38)
vom J. 1340 39) die vesten Ritter der Aberdar
(von Seckendorf,) Cunrad und Friederich die
Esel — und vom J. 1315 Chunrad der Esel
genannt von Illesheim. 40) Diesen Namen
bekamen sie nach ihrem Wappenbild. Denn dieß
war ein grauer Esel in einem Schild, der halb
weiß und halb schwarz war. Und da die Gai,
ling von Altheim, ingleichem die Schoder,
(auch

37) In des Herrn geheimen Rath von Jung Miscell.
Tom. 1. pag. 23
38) Am angezogenen Orte S. 28
39) Eben daselbst S. 31
40) Im zweiten Theil der angezogenen Miscell. p. 87

(auch ein Rittermäſiges Geſchlecht, welches in
und um Windsheim begüttert war) gleiches Wap,
penbild, oder einen ſchwarz und weiß bemalten
Schild führeten : ſo ſind ſie mit den Eſeln von
Illesheim gewiß einerley Geſchlechts geweſen.
Es gab aber noch mehrere Familien, welche ſich
Eſel nennten. So kommt in einer Mainziſchen
Urkunde 41) vor: Henne Eſel von Buſenheim,
und Heinrich Eſel ſein Bruder — Ja, es gab
auch eine Familie, welche ſich Graueſel nenn.
te. Denn ſo finde ich in einer Urkunde 42) al,
ſo angeführet: Koricus dictus *Crauefel* de We-
ßerburg, Armiger — Das Wort Crauefel
ſoll gewiß ſo viel als Graueſel heißen. Ver,
muthlich führete dieſe Familie einen Eſel in ge,
wöhnlicher oder natürlicher Farbe in ſeinem
Schild. Dazu kommen noch die Eſel von
Eſelsheim. 43) Auſerdem lebte in Heſſen ei,
ne adeliche Familie, welche die Eſelkoph genen,
net wurde. So ſtehet in einer Urkunde 44) vom
Jahr

41) In des Freiherrn von Gudenus Cod. Diplom.
Tom. III. pag. 632.

42) Am angezogenen Orte S. 218

43) Wie ſie Burgermeiſter in der Bibliotheca Equeſtr.
Tom. II. pag. 243 angeführet und als Franken an,
giebet. Wenn nicht die Eſel von Illesheim dar,
unter verſtanden werden; wie mir ſehr wahr,
ſcheinlich ſcheinet.

44) Wie in des ſeligen Eſtors, meines ehemaligen
Gönners, Originibus Jur. Publ. Haſſ. pag. 95 zu
erſehen iſt.

J. 1301 Bertoldus et Hermannus dicti Esels-
coph. 45)

Ich mus zur Erläuterung dieser Wahrheit
noch einige andere Exempel anführen, wo Personen oder ganze Familien ihren Namen von dem
Wappenbild bekommen haben. Am ersten will
ich das ehehin in unsern Franken berühmt gewesene
ansehnliche Geschlecht der **Rindsmaul** anführen;
welches noch in Steiermark bekannt und in den
Gravenstand versezt worden ist. Dieß Geschlecht
hat einen Rindskopf zum Wappenbild. Darnach bekam es auch den Zunamen **Rindsmaul.**
Man weiß aus der Reichshistorie, daß einer von
diesem Geschlechte den Herzogen Friederich in Oesterreich in der Schlacht mit dem Kaiser Ludwig
gefangen, und dieser zu ihm gesaget hat: das
Kuhmaul kund ich heut mit stechen, noch mit
schlagen von mir bringen — vor dem Rindsmaul oder vor dem Schild hat sich dieser Herr
eigentlich nicht gefürchtet. Nur vor der Person,
welche ihn führete, fürchtete er sich. Also ist das
Wappenbild dieser Familie eigentlich ein Kuhmaul. Ein Kuhmaul ist aber auch ein Rindsmaul. Doch jener Herr mag dieß Bild nur für
ein Kuhmaul angesehen haben. Warum aber
diese Familie sich lieber **Rindmaul,** als **Rinds-**
kopf oder **Ochsenkopf** genennet habe, ob
sie gleich einen solchen Kopf im Schilde geführet,

45) Es gab auch eine adeliche Familie, welche sich
Hasenkopf nennete, und sich so nennen ließe. Al-

ret, 46) daß ist mir ein Geheimnis — hiebey
fället mir eine auswärtige vornehme Familie ein,
welche auch von einem solchen Thier ihren Namen haben. Es sind dieß die **Orenstirn** in
Schweden. Diese führen eine **Ochsenstirn** im
Schilde, und von daher haben sie ihren Namen
bekommen 47) — In Baiern war ein adeli-
ches Geschlecht bekannt, welches sich **Kalb** schrie-
be, als ego Vlricus Vitulus 48) Und dieß Geschlecht bekam seinen Zunamen von dem Wappenbild. Denn dieß war ein **Kalb** 49) Ja
auch

so ließet man in einer Urkunde vom Jahr 1329.
eines Herzogs in Mecklenburg. Dieser Dinge
synt tyge (Zeuge) Use vormündere Jürgen Hasenkop, Bolte Hasenkop, Johann von Bülowe,
Heino Manduvel (Manteufel) Diese Urkunde
stehet in des Herrn von Senkenberg Select. Jur.
et Hist. Tom. II. pag. 498.

46) Würfel hat im zweiten Band der historisch genealogischen und diplomatischen Nachrichten
zur Erläuterung der Nürnbergischen Stadt
und Adelsgeschichte einige Rindsmaulische Sie-
gel in Kupfer mitgetheilet, in welchen der Rindskopf zu sehen ist.

47) Röler hat in den Münzbelustigungen auf das
Jahr 1731. nom. 18. einen Thaler von dem im
30jährigen Krieg berühmten Schwedischen Kanz-
ler Axel Oxenstirn in Kupfer vorgestellet, wo man
unter dessen Bildnis die Ochsenstirn im Schilde
siehet.

48) In den Monumentis Boicis Vol. III. pag. 349. unter dem Jahr 1290.

49) Wie aus seinem Schild in den Monum. Boi. Vol.
III. Tab. X. Num. 64. zu ersehen ist.

C

auch zu Marburg wohnete eine adeliche Familie,
welche sich schlechthin Kalb nennete. Man siehet dieß unter andern in einer Urkunde 50) des
Landgravens Heinrichs also: testes sunt ——
Herimannus Vitulus —— Volpertus Vitulus,
Ludovicus frater suus, Conradus Andree 50 *)
Castrenses Marburgenses. Da dieß Geschlecht
die Kalben, Castrenses Marburgenses wurden:
so ist dieß ein Beweis, daß sie zu Marburg auch
gewohnet haben. Vermuthlich bekamen sie diesen Zunamen von ihrem Wappenbild —— So war
vormals zu Straßburg ein ansehnliches Geschlecht
bekannt, welches Meerschwein genennet wurde, und dieß auch nach ihrem Wappenbild. Denn
so finde ich dieß in einem alten mit lebendigen Farben gemalten Wappenbuch, welches die Auf-
schrift hat: die Namen und Wappen der stren-
gen, edlen vesten und erweuen Burgerschaft der
löblichen Stadt Straßburg, so da gewohnt haben im Jahr 1440. Da trift man unter andern
einen Schild mit einem Meerschwein an,
dessen Helm auch damit gezieret ist, mit der Auf-
schrift: Herr Jacob Meerschwein Ritter ——
Und gleich dabey stehet ein Schild mit einem weiß-
sen Bock und Ueberschrift: Herr Hanns, Herr
Wi-

---

50) In Estors kleinen Schriften im 9ten Theil S. 252
Und in des Freiherrn von Gudenus Cod. Dipl.
Tom. II. pag. 176 kommet ein Vitulus de Witers-
hausen zum Vorschein.

50*) Dieser Vasallus Castrensis war auch vom Militärstande. Er schrieb sich aber von keinem Orte. Er nennet sich Conradus Andree, das ist,
ein Sohn Andreas ——

Wirich, Hr. Wilhelm, Hr. Ludwig, die Böcklin, alle Ritter und statmaister — Also bekamen auch diese Familien ihren Namen nach
dem Wappenbild. Man nennte sie die Meerschwein, die Böcklin, oder Böcklein, oder
den kleinen Bock, das ist, ein Sohn des alten
Bocks — So wie in der Schweiz die Tribock
bekannt sind, und welches Geschlecht drey Böcke
im Schild führete 51) Ingleichen war in Oesterreich ein adeliches Geschlecht bekannt, welches
sich die Käzel neunete, und dieß nach seinem
Wappenbild, welches eine Kaz war 52) Und
wie viele Familien gibt es nicht ausserdem, welche Zunamen von den Thieren bekommen haben, als die Fuchsen 53) die Hund 54) die
Rüd 55) die Ochsen, die Auerochsen, *)
die Beer, Wolf 56) So nahmen die adeli

C 2   chen

51) Wie in Wursteisens Basler Chronik. S. 248
zu ersehen ist.
52) Wie in des Freiherrn von Hohenek genealogischem
Werk von dem Oesterreichischen Adel zu ersehen ist.
53) Als die Fuchsen von Bimbach, die Fuchsen von
Randelberg und andere Geschlechter.
54) Es giebet viele Familien, die sich Hund geschrieben haben.
55) Rüd bedeutet einen großen Hund. Dahin gehören die Rüd von Collenberg und andere mehr.
*) Die Ochsen und die Auerochsen sind ganz bekannte Familien. Au oder Auer ist so viel als
wild. Auerochs ist ein wilder Ochs. Sonst
heissen sie auch Uren. Daher haben auch die
Auerhanen ihren Namen. Auerhan ist ein wilder Han — Auerbach ein Wilderbach, der aus
dem Wald kommt. Auerach ist eben so viel.
56) Wie in Scheidts Bibliotheca Goetting. pag. 231

chen Geschlechter auch Namen von den Vögeln
an, als Vogel 57) Specht 58) Geier 59)
Gans 60) Noch muß ich ein adeliches Geschlecht anführen, welches vormals in Oesterreich
geblühet hat, und sich die **Paternosterer** genennet hat. Dieß bezeuget der Freyherr von
Hoheneck in seinem genealogischen Werk vom
Adel in Oesterreich, aber das Wappen dieser Familie hat er nicht auftreiben können. Ganz gewiß aber war es ein also genannter **Paterno-
ster.** Und davon hatte diese Familie ihren Namen — So wie die München ihren Zunamen
von einem München bekamen, welchen sie im Wappenbild führeten. Dazu kommen die **Schwein-
haupt,** welche einen wilden Schweinskopf im
Wappen geführet, und die **Stieber** von But-
tels

57) In des Herrn **Gudenus** Cod. Dipl. Tom. I. pag.
803 kommt unter dem Jahr 1283. dieß vor: Conradus dictus Vogel Miles — Dieser Ritter wurde schlechthin der Vogel genennet. So wie
auch seine ganze Nachkommenschaft —

58) Als die Specht von Bubenheim, welche auch
3. Spechte im Schilde haben.

59) In des Freiherrn von **Gudenus** Sylloge Var. diplom. pag. 329 Hier steht so: Windekindus dictus
Gyr, das ist Geyer. Er hatte zwey Geyersfüße
im Schilde.

60) So stehet in des Freiherrn von Senkenbergs
Sammlung ungedruckter und rarer Schriften S.
195 eine Nachricht von dem Heßischen Adel,
welche mit dem Landgraven Willhelm im J. 1505.
auf den Reichstag nach Cölln gegangen sind:
Hanns Hund Ritter. Tell Wolf, Otto Hund,
Hanns Gans, Hermann Hund — Bernhard
Gans —

tenheim, welche einen Stieber oder einen Jagd-
spieß im Schilde hatten, und daher Stieber genennet wurden — Es giebet aber noch andere
Familien oder Häuser, welche von ihren Wappenbildern ganz besondere Zunamen erhalten haben, und welche ich hier nothwendig noch anführen muß. Dazu gehören die Herren Schelmen. Dieß sind einmal die Herren Schelmen
von Bergen, ein sehr altes Geschlecht, welches zu den Ministerialibus Imperii gehöret hat.
61) Sie schrieben sich ehehin schlechthin Schelm.
Unter unzähligen Urkunden will ich nur etliche
anziehen. So stehet in einer 62) vom J. 1274.
Ego Wernerus Miles dictus Schelm — datum apud Frankfurt — und vom J. 1323. Nos
Wenzelo dictus *Schelme* Miles et Irmengardis
conjuges — Sie ließen sich auch von andern
also nennen.

Ich will nur ein Exempel anführen. So
stehet in einer Urkunde vom J. 1321. dieser Dinge sind Gezüge Hr. Gerlach Schelme, Hr. Otto von Hain — Rittere — 63) Darnach ist noch
ein Geschlecht, welches sich Schelm von Gun-
delsheim nennet. Hier sind nun Schelmen
unter der Ritterschaft — Schelmen, welche
noch dazu sind Milites gewesen oder zu Rittern
C 3 ge-

---

61) Wie in meinem Tractat von den Ministerialibus
Imperii zu ersehen ist.
62) In des Freiherrn von Gudenus Cod. Diplom.
Tom. V. p. 994 und Tom. III. pag. 201
63) In Koppens auserlesenen Lehenproben im ersten
Theil S. 168

geschlagen worden. Wie gieng dieß an? Die
Schelmen jaget man ja sonst fort. Diese duldet
man nicht unter ehrlichen Leuten. Man muß
einen Unterscheid machen zwischen einem Schelm,
welcher es in der That ist, und zwischen dem,
welcher nur so heißt, oder nur den Namen führet.
Die angezogenen Herren Schmelmen waren keine Schelme in der That. Sie hatten nur diesen Namen. Aber weswegen hiessen sie sich so?
Wegen ihres Wappenbildes. Wenn dieß soll verstanden werden: so muß man das Wort Schelm
erklären. Diejenigen, welche dieß Wort also erklären, daß es eine Person bedeute, welche sich habe den
Schild nehmen lassen, irren sehr. Und noch schlechter hat es Höping gemachet 64), wenn er saget,
daß dieß Wort so viel als einen Schildmann bedeute, und welcher Meynung Speuer beypflich-
tet 65) Dieß Wort hat eine ganz andere Bedeutung. Es bedeutet nämlich einmal den Sterb,
oder eine pestilencialische Seuche, welche unter
das Vieh kommet. So heißt es in einer alten Chronic: A. 1376. da kam ein grosser Schelm unter
das Wild überall in dem Laub also, daß in den
Walden und auf dem Feld gar viel Wild tod
lag, Hirschen, Hinden, Reeh, Bern, Wolf,
Fuchs und Hasen fand man überall tod liegen 66)
Und in einem alten Wörter-Buch vom J. 1482.
stehet

64) In der Histor. Infignium cap. 11. num. 57.

65) In der Heraldica Part. I. p. 82 §. 8.

66) In des Herrn Hofraths Oesele Script. Rer. Boi.
Tom. I. pag. 257.

stehet **Keyb**, oder **Schelm**, *pestis* 67) Das
Wort **Schelm** bedeutet aber auch ein todes
Thier (Cadaver) Dieß findet sich in der Reformation der Stadt Worms, allwo fol. 136 so
stehet: Gleicherweiß ordnen wir, daß Niemand
einig tod **Thier**, **Schelmen**, Hunde, Kazen,
Schwein, Ganß, Hüner und dergleichen an einig Ort unser Stadt werfe — Und abermal
stehet daselbst. Und dieweil ein jeder, der solch
Unreinigkeit, tod **Thier** oder **Schelmen** auf
Gaßen oder Winkel tragen will 68) Eigentlich sollte dieß Wort **Scheln** geschrieben werden; denn es kommt von **schälen** oder **schelen**
(detrahere) her — Man saget aber **Schelm**;
weil dieß Wort so besser auszusprechen ist. So wie
man auch der **Helm** an Statt **Geln** schreibet;
denn dieß Wort hat seinen Namen von **Helen**;
weil das Gesicht und das Haupt damit verhelet oder
verborgen wird. Was bedeutet aber das Wort
Schelm bey den obigen Familien? Ihre Wappenbilder sagen dieß. Die ersten führen ein **Todenbein** (os cadaveris) im Schilde 69) Aber
von wem? Der grosse Heraldist **Spener** saget,
70) man habe **Menschenbeine** in die Schilder gesezet, und führet das Schelmische Wappenbild deswegen zum Exempel an. Aber ich kann

C 4 nicht

---

67) In **Johann Heumanns** Opuscalis pag. 459

68) Wie **Eckard** in Notis ad leges Salicas pag. 66 beybringet.

69) Wie man unter andern bey dem **Spener** am angezogenen Ort. S. 366 §. 13. sehen kann.

70) Am angezogenen Orte S. 207. §. 19.

nicht glauben, daß dieß ein Menschen-Bein seyn
solle, und zwar deswegen nicht, weil es Schelm
heisset. Schelm aber wurde der tode Mensch
nicht genennet. Nur die gestorbenen Thiere wurden so genennet. Folglich ist dieß ein Bein eines toden Thieres, oder eines Schelms. Die
leztern Schelmen, welche ich oben angeführet,
haben ein ganzes geflügtes Thier ohne Kopf im
Schilde, von dem ich aber nicht zu sagen weiß,
ob es eine Ganß oder sonst einen grossen Vogel
vorstellen solle. Auf dem Helm ist der Hals und
Kopf dieses Thiers; wie ein altes gemaltes Wappenbuch bezeuget. Heut zu Tag hat dieß Wort
freilich einen ganz andern Verstand.

Es bedeutet nämlich einen Menschen, welchen man so sehr als ein As verabscheuen müsse
— 71) Also haben auch die Herren Schelmen ihren Namen von dem Wappenbild bekommen. Also war der Name, welchen man von
seinem Wappenbild bekam, nicht nachtheilig; er
mogte auch noch so übel klingen oder lauten —
Daher wird verständlich, wenn es in dem Basler
allgemeinen historischen Lexicon im lezten Theil
unter dem Wort Schelm gesaget wird, daß Wer-
ners Sohn, Gilbrecht, den Zunamen die Pest
von Bergen gehabt hätte. Pest bedeutet hier so
viel als Schelm. Und es kann seyn, daß die
Herren Schelmen ihren Zunamen oder das Wap-

pen-

71) In diesem Verstand hätte der Held Abisai den
Simei auch einen Schelm geheissen; wenn er zu
dem König David 2 Sam. XVI, 9. sprach. Sollte dieser tode Hund meinen Herrn den König flu-
chen? Ich will hin, und ihm den Kopf abreißen —

penbild durch einen ganz besondern Zufall bekommen haben — Dergleichen nicht wohl klingende, ja übel klingende Zunamen lieſſen ſich auch andere adeliche Geſchlechter ohne alles Bedenken geben, als Jud 72) Hirnloß 73) Thumshirn
74) Rosmaul 75) Schurk 76) Unbe-
scheid-

C 5

72) So ſtehet in einer Urkunde vom J. 1238. in des
Freiherrn von Gudenus Cod. Dipl. Tom. I. p. 548
unter den Zeugen: Emercho Vulpes (er war ein
Fuchs von Rüdesheim) Helfericus Iudeus. Wozu der Freiherr von Gudenus ſetzet: antiqua familia nobilis Moguntiae. Zu Mainz war auch ein
Haus, welches zum Judenhut genennet wurde;
wie der Freiherr von Gudenus Tom. II. p. 532
bemerket. Gewiß war an dieſem Hof ein Judenhuth angemahlet, und darnach bekam er ſeinen Namen. Aber auch die Innwohner dieſes
Hauſes, bekamen darnach ihren Namen. Man
kann daher leicht errathen, woher der Zuname
Judenhuth entſtanden iſt.

73) So ſtehet in Falkenſteins Cod. Diplom. pag. 99
unter dem J. 1295. Nos Bertholdus Comes de
Gralsbach — curiam ſitam in Fünfbrun, quam
Henricus dictus *Hirnloſs* iam pridem a progenito-
ribus noſtris tenebat in feudo —

74) Die Thumshirn ſind eine ganze bekannte Familie.

75) So lieſet man in des Freiherrn von Gudenus
Cod. Dipl. Tom. III. pag. 491 unter dem J. 1368.
Gretha dicta Rozmul, das iſt, Margaretha Rozmaul. Wozu der Freiherr von Gudenus ſezet:
familia nobilis. Und pag. 499 kommt unter dem
J. 1371. ein Siboldus Rozmaul Plebanus oppidi
Hoenberg (Homburg) vor. Roz bedeutet hier
ſo viel als Roß. Denn ſo wurde dieß Wort ehehin geſchrieben. Vielleicht hatte dieſe Familie
ein Roßmaul oder einen Roßkopf im Schilde.

76) In des Freiherrn von Gudenus Cod. Diplom.
Tom.

ſcheiden 77) Hundszagel, das iſt, Hunds-
ſchwanz 78) Bettelmann 79) Hirt 80)
Krumhals 81) Kropf 82) Speckbra-
ten

Tom. III. pag. 1104. unter dem J. 1233. Sifridus
Miles dictus Schurge — Dieß Wort aber bedeutet ſo viel als Delator. Es iſt daher leicht die
Urſache zu errathen, warum dieß Wort iſt zu einem Schimpfwort geworden —

77) Alſo lieſet man in des *Johannis* Spicilegio Tab.
Vet. pag. 140 unter dem J. 1231. teſtes ſunt Wern-
herus *Vnbeſcheiden*, Henricus Rufus, *Milites* —
Dieſer Wernher Unbeſcheiden war noch dazu
ein Ritter — Vielleicht war er nur im Krieg
oder in einer Schlacht unbeſcheiden —

78) In des Freiherrn von Gudenus Cod. Dipl. Tom.
I. pag. 564 ſtehet unter vielen Zeugen: Henricus
dictus *Hundeszagel*, Giſelbertus Vulpes de Ruden-
heim —

79) Alſo lieſet man bey dem Freiherrn von Gudenus
am angezogenen Orte Tom. III. pag. 730 unter
dem J. 1298. Gotfridus dictus *Betelmann* Miles
— Dieſer Betelmann war noch dazu ein Ritter
— Es war alſo ein vornehmer Bettelmann —

80) Dieß findet ſich bey dem Freiherrn von Gudenus
Tom. III. p. 887 alſo: ſtrenuus vir Dominus Hermannus dictus *Hirs*, Miles de Sauwelnheim —

81) Wie in des Freiherrn von Gudenus Sylloge var.
Diplom. und zwar in der Vorrede S. 18 zu erſehen iſt.

82) Dieſe Familie war in unſern Franken ehehin ſehr
bekannt. In den Lateiniſchen Urkunden hießen
ſie Struma. Sonſt nenneten ſie ſich die Kropfen
von Veſtenberg, und gewiß hatte der Stammvatter einen Kropf.

ten 83) dazu kommet noch der vornehmste Zunamen, und dieß ist der Teufel. Es giebet verschiedene Familien, welche diesen Zunamen führen. Hieher gehören vornemlich die Teufel
von Birkensee. Diese führen ein Feuerspeiendes Thier, und dieß bedeutet den Teufel. 84) In
Mainz lebte ein Geschlecht, welches sich so gar
von Teufel nennte. Aber es führete nicht den
Teufel im Schild. Das Haus, worinn es wohnete, war mit einem Teufel bezeichnet oder bemalet. Deswegen nennten sie sich von Teufel
85). Und es kann seyn, daß auch die andern
Geschlechter, welche sich Teufel nennen, aber den
Teufel nicht im Schilde führen, in eben solchen
Häusern gewohnet haben. 86) —

Nach diesem Ausschweif, und bey nahe wäre ich zu weit ausgeschweifet, komme ich wieder
zurück. Ich komme wieder auf die Herren
Ried

<hr/>

83) Wie man bey dem Freiherrn von Gudenus am
erst angezogenen Orte ersehen kann.

84) Wie Spener am angezogenen Ort. S. 238 berichtet.

85) So stehet bey dem Freiherrn von Gudenus Tom.
III. pag. 875 Henricus dictus de Demone — Und
pag. 892. Friderlcus dictus Diabolus.

86) In dem Kloster Eborach liegen einige von der
Familie der Teufel begraben. Daher ist das
Sprüchwort entstanden: zu Eborach lieget der
Teufel und seine Mutter begraben. Wie
Gropp in den Monument. Sepulchral. Ecclesiæ
Eberacensis p. 82. bemerket, und allwo ein solcher
Teufel und seine Mutter in Kupfer abgebildet ist
— Diese Teufel aber wohneten in Würzburg,
und

Riedesel. Diese erhielten nun auch den Zunamen von ihrem Wappenbild, um sich von andern Familien zu unterscheiden, welche zu Marburg gewohnet haben. Es ist aber noch eine Ursache, warum sie den Zunamen Riedesel angenommen haben. Damals war es gewöhnlich, daß man die Wappenbilder an die Häuser und Schlösser mahlen, oder in Stein hauen ließe. Von diesen Wappenbildern bekamen die Häuser ihren Namen. Ja, auch die Personen, welche darinn wohneten, bekamen darnach ihren Namen. Besonders geschahe dieß an denjenigen Orten, wo mehrere Schlösser oder Höfe anzutreffen waren. Zum Beweis dieser Wahrheit beruffe ich mich auf das merkwürdige Verzeichnis derjenigen alten Höfe in Mainz, welches der Freyherr von Gudenus 87) beygebracht hat. Hier kommen gleich Anfangs zwey Höfe in Mainz vor, welche den Namen zum kleinen und grossen Affen führen. Aber warum? Weil diese Höfe mit zween solchen Affen bezeichnet waren — So fand sich auch ein anderer Hof daselbst zum bunden Löwen genannt, und wieder andere zu den dreien Eseln, zum goldenen Frosch — zum Riesen — zum gulden Schaf — zum Hirschhorn — zum Zahn — zum Rindsfus — zum Beren — zum Wolf

und gewiß war ihr Haus mit einem Teufel bezeichnet. Sie waren auch vom Ritterlichen Geschlechte.

87) In Cod. Dipl. Tom. II. pag. 506

Wolf — zum Schelmen *) Diese Häuser bekamen nun alle ihren Namen von den Bildern, welche daran gemalet waren, und die Personen, welche darinn wohneten, bekamen auch diesen Namen — Eben so hatten auch die Herren Riedesel ihr Wappenbild oder den Riedesel an ihren Hof zu Marburg mahlen, oder in Stein hauen lassen. Dieser Hof hieß deswegen der Riedesel, und die Bewohner desselben die Riedesel — Ich vermuthe dieß noch aus einem andern Umstand. Es ist oben einer von den Schöpfen angezogen worden, welcher zu Marburg wohnete, auch aus dem Ritter-Stande gewesen ist, und sich Hermannus Dens oder Zahn nennete. Ober einen Zahn zum Wappenbilde geführet habe, das kann ich nicht sagen; ob gleich nicht daran zu zweifeln ist. So viel ist gewiß, daß sein Haus oder sein Hof mit einem Zahn bezeichnet war. Denn auch in Mainz war ein solcher Hof, wie oben ist angeführet worden, und vermuthlich kam er von dieser Marburgischen Familie her. Aber, warum haben die Herren Riedesel ein solch Wappenbild angenommen? Auf diese Frage kann unmöglich geantwortet werden.

*) Wie man bey dem Freiherrn von Gudenus am angezogenen Ort S. 414 ersehen kann. Der Freiherr von Gudenus meynet am angeführten Ort, dieser Hof habe seinen Namen von dem Besizern, nämlich den Schelmen bekommen. Dieß ist wahr. Aber auch dieß ist wahr, daß ihr Wappenbild daran gemacht war, und daß dieser Hof daher vornemlich seinen Namen erhalten hat.

ben. Und so ist es auch mit allen andern Wappenbildern beschaffen. Ihr Ursprung kann nicht
angegeben werden, und von denen er auch angegeben wird, ist er fabelhaft. Soviel ist aber gewiß, daß das Wappenbild von dem Hrn. Stammvatter des Riedeselischen Hauses nicht ohne
Ursache angenommen worden, und daß ein besonderer Umstand müsse Veranlassung dazu gegeben
haben — Auch dieß ist gewiß, daß der Eselskopf einen ganzen Esel vorstellen solle. Man
kann dieß einmal daher abnehmen, weil man
dieß Bild sonst nicht würde einen Esel genennet
haben. Man würde selbiges den Eselskopf geheissen haben — Sodann ist bekannt, daß der
Kopf bey Menschen und Thieren das vornehmste
Theil ist. Und wenn man das Haupt nennet:
so meynet man das Ganze oder den ganzen Menschen. So ist es auch bey den Thieren. Und
so ist es auch bey dem Eselskopf. Er stellet einen ganzen Esel vor. Warum hat er aber das
Ried im Maul? Weil mehrere adeliche Geschlechter einen solchen Kopf im Schild führeten:
so that man das Riedgras hinzu, um dieß Wappenbild von andern zu unterscheiden. Ein Riedgras
nahm man aber; weil selbiges das gewöhnliche
Futter dieser Thiere ist. So vermuthe ich, und
gewiß nicht ohne Grund. In diesem Stück
war man sehr sorgfältig. Man suchte, seinen
Schild von einem andern auf das sorgfältigste zu
unterscheiden; denn dieß war das größte Kleinod.
Wie denn auch die drei Linien des Riedeselischen
Hauses von Eisenbach, von Bellersheim und in

Derß,

Verß, theils durch die Stellung des Eselskopfs
in dem Schilde, (denn bey einer sieht er Rechts,
bey der andern aber Links) theils durch das Riedgras und durch die Distelblume, welche der Esel
im Maul hat, theils aber auch durch die Farbe
des Schilds sich von einander unterscheiden haben.
Ein gleiches ist auch mit den Helmkleinodien geschehen. Aber einen Esel im Schilde zu führen,
ist das nicht nachtheilig, ist das nicht gar schimpflich? Ist es nicht nachtheilig und schimpflich, auf
sein vornehmstes Kleinod einen Eselskopf zu sezen?
So scheinet es, wenn man dem Zschackwizen
glaubet. Dieser saget 88) der Esel solle nach
dem gemeinen Vorgeben einen Menschen vorstellen, der schwere Arbeit verrichte; allein es gehö-
re dieses Bild vielmehr unter die insignia ignominiosa. Welche Einfalt von diesem ehmals grossen
Mann! Der aber nie kleiner als hier, und überhaupt in seiner Heraldic war — Eben dieß
giebet er auch von andern Wappenbildern, als
von der Chimäre oder Ungeheuer, von dem Grei-
fen und Harpyen vor. Er meynet, dieß wären
auch insignia ignominiosa; weil besonders die
leztern grausame Raubthiere wären, welche man
also könnte unmöglich honoris gratia angenommen haben. Sonst würde man lieber einen Löwen oder dergleichen beliebet haben 89. Aber
dieß sind lauter Träume, womit beynahe sein
ganzes Buch angefüllet ist. Wenn alle hätten
ihre Schilde mit einem Löwen bezeichnet; wie
hätten

88) In der Heraldic. S. 184

89) Am angezogenem Orte S. III. u. f.

hätten sie sich denn von einander unterscheiden
können? Darnach war das Wappenbild nichts
anders, denn eine Marke, womit man den
Schild bezeichnet hat, und wodurch er von einem
andern ist unterschieden worden. Diese Marke
oder dieß Bild hat dem Schild nichts gegeben,
und auch nichts genommen. Der Schild hat
durch das Bild eigentlich keinen Vorzug bekom=
men; es mogte auch noch so vorzüglich oder noch
so schön gewesen seyn — Es hat auch den
Schild nicht beschimpfet; es mogte auch noch so
schlecht gewesen seyn — Und wenn der Esel
in dem Riedeselischen Schild ein Signum ignomi=
niosum wäre: so müßte ein Herr Riedesel oder
vielmehr der Stammvatter dieses Hauses eine
schimpfliche Handlung gethan haben. Aber, wie
hätte er alsdenn einen Schild führen dürfen? Wie
hätte er unter der Ritterschaft bleiben dürfen?
Gieng es denn hier auch so als wie mit einem
Dieb, dem zwar das Leben geschenket worden,
der aber zur Strafe den Strick Zeitlebens am Hals
tragen muß 90) Hat etwann der Stammvat=
ter des Riedeselischen Hauses auch zur Strafe den
Esels=

90) Denn so viel will dieser Schriftsteller sagen, wenn
er S. XI. schreibet: dabey man aber doch wie=
der erinnert, daß von den Landesherren das
Wappen (besser das Wappenbild) aus der ge=
habten Beschimpfung nachmals zwar wieder
herausgesezet worden, damit aber dessen Füh=
rer und seine Nachkommen ein Andenken des
begangenen Fehlers halber behielten, habe
man ihnen solches zu einem Geschlechtswap=
pen verordnet.

felskopf im Schilde führen müssen? Und was für
eine schimpfliche Handlung sollte denn der Esel
vorstellen? Welche Einfalt! Darnach giebet es
gar keine insignia ignominiosa. Es kann auch
keine geben, und zwar aus dieser Ursache. Der
Schild war das vornehmste Ehrenzeichen. Es
war ein Beweis, daß man kein Kaufmann, kein
Burger, und kein Leibeigener oder ein Bauer sehe.
Denn alle diese Personen durften keinen Schild
führen. Nur der hohe und niedere Adel, nur
Könige, Fürsten, Graven, Herren und die Ritterschaft durften einen Schild führen. Wie kann
er also schimpflich gewesen seyn? Wie kann dieß
also auch ein Schild gewesen seyn, welcher mit
einem Eselskopf bezeichnet war? Sonst würde
man ihn ja nicht damit bezeichnet haben — So
würde man sie auch nicht haben darnach nennen
lassen — Man darf nur folgende Umstände in
Betrachtung ziehen: so wird man davon handgreiflich überzenget werden. Einen Schild zu
führen, das gehörte nur für den hohen und niedern Adel; wie erst gedacht worden. Sonst
durfte dergleichen Niemand führen. Und hieraus lässet sich das Ansehen des Ritterstandes abnehmen. Der Schild war also ein Ehrenzeichen.
Ja er war das vornehmste Ehrenzeichen; wie er
es bis auf den heutigen Tag noch ist. Folglich
durfte er auch nicht mit einem schimpflichen Bild
bemalet werden. Hiezu kommet noch mehr dieß.
Die Bilder in den Schildern, oder die Wappenbilder sind an die Stelle der Römischen Imagi-
num getreten. Je mehr Bilder ein Römer von

D   sei-

seinen Voråltern aufweissen konnte; je mehr er
in seinem Hause aufhången konnte, und je mehr
Bilder bey seiner Beerdigung vorgetragen wurden, desto angesehener, desto vornehmer war er
— An die Stelle dieser Bilder sind die Wappenbilder in Deutschland gekommen, desgleichen
auch die Anenproben, darinn die Bilder der
Anen, das ist, die Wappenbilder der Aeltern
und Voråltern vornåmlich angezeiget werden. Aus
diesem wird noch begreiflicher, warum man in
den Schild habe keine schimpfliche Bilder oder Zeichen sezen können.   Und da überdieß dergleichen
Bilder von den Söhnen und Töchtern so weiters
fortgeführet worden; da man sie auf das sorgfältigste zu erhalten gesuchet hat; ja, da man sie an
allen Orten, als in den Kirchen, auf den Grab-
malen und sonst öffentlich aufgestellet hat: so ist
leicht zu begreifen, daß die Wappenbilder sind
Ehrenbilder gewesen, und daß dieß mitfolglich
auch der Riedesel seyn müsse.   Es folget aber
hieraus auch dieses.   Man mus es für eine Ehre gehalten haben, sich nach dem Wappenbild
nennen zu lassen, oder von daher seinen Zunamen
zu bekommen.   Der Stammvatter des Riedeselischen Hauses und seine ganze Nachkommenschaft mus es auch für eine Ehre gehalten haben,
nach dem Wappenbild Riedesel genennet zu
werden, und sich auch selbst also zu nennen.   So
kann und so mus man handgreiflich abnehmen.
Dieß will ich noch durch ein anders Wappenbild
erläutern oder deutlich machen.   Was ist schlechter oder unansehnlicher als eine Geige? Und
doch

doch haben adeliche Geschlechter sich nicht geschä=
met, sie in ihrem Schild zu führen, und sich auch
darnach zu nennen. Man darf nur an die Fied=
ler von Alzei gedenken. Diese führeten eine
Fiedel im Schild, und auf dem Helmkleinod,
welches ein Flug ist, wird diese Fiedel zweimal
wiederholet oder angebracht. Nach dieser Fiedel
gab sich dieß Geschlecht seinen Zunamen —
Kann er schimpflich gewesen seyn? 91) Darnach
hat das vornehme Stift zu St. Alban bey Mainz
auch einen Esel zum Wappenbilde. Hat denn
dieß Stift auch ein schimpfliches Wappenbild?
Hat man vielleicht jenen Heiligen mit dem Esel
beschimpfen wollen? Das ehemalige Kloster
Solmhofen im Fürstenthum Onoldsbach füh=
rete auch einen Esel 92) und vielleicht auch zum
Schimpf? Nein. Es ist eine ganz andere Ursa=
che. Ein Esel hat auf Befehl des heiligen Sola
einen Wolf, welcher auf ein Schaf lauerte, ge=
schlagen und zu tod gebissen — 93) deswegen
hatte er die Ehre, in den Schild zu kommen. Er
ist also in der That ein Ehrenzeichen. Und dieß
ist der Esel in allen andern Schilden oder Wap=
pen — Noch mehr. Haben denn die Fromesel

D 2   in

91) Wie Burgermeister in der Biblioth. Equeſtr. Tom.
    I. pag. 561. berichtet.

92) Wie der Herr Hofrath Stieber in der historischen
    und Topographischen Nachricht von dem Für=
    stenthum Onoldsbach S. 771 anführet.

93) Wie am angezogenen Ort aus *Irithemio de Viris
    Illuſtribus ordinis S. Benedicti* erzählet wird.

in Baiern auch ein schimpfliches Wappenbild füh=
ren müſſen? Haben denn die Herren von **Ried=
heim**, ein batriſches und ſchwäbiſches Geſchlecht,
ihren grauen Eſel im Schilde auch zum Schimpf
führen müſſen? Und ſo auch die **Eſel** von **Jl=
leſheim**? Das kann unmöglich ſeyn. Man
kann dieß auch aus folgendem Umſtand abneh=
men. Es war ehebin eine Geſellſchaft bekannt,
welche ſich die Geſellſchaft **zum goldenen Eſel**
nennete. Dieſe Geſellſchaft, welche aus Gra=
ven, aus Herren und Rittern beſtunde, führete
in ihrem Banier einen Eſel, der halb Gold, näm=
lich vom Kopf an, und ſodann die übrige Helfte
in ſeiner gewöhnlichen Farbe, nämlich grau war;
wie dieß ein in Händen habendes mit lebendigen
Farben gemaltes altes Wappenbuch bezeuget.
Dabey ſtehet dieß geſchrieben: das ſind die Gra=
ven, Herren und die Ritterſchaft vom gulden
Eſel, als der Grav von Cazenelenbogen, der
Grav von Hanow, der Grav von Eiſſenburg
(Jſenburg) und ſo weiters — Dieſes Inſigne
oder dieß Sinnbild haben ſich dieſe Herren ſelbſt
erwählet. Haben ſie aber mit Fleis ein ſchimpf=
liches Sinnbild erwählet, und ſich darnach den
Namen gegeben? Wer wird ſo einfältig ſeyn,
und dieß glauben.

Ohnmöglich kann der Eſel ein nachtheiliges,
ein verächtliches oder ein ſchimpfliches Bild ge=
weſen ſeyn. Vielmehr mus es ehrwürdig gewe=
ſen ſeyn. Dieß kann man noch mehr daher ab=
nehmen. In eben dieſem Wappenbuch iſt eine
Manns=

Mannsperson abgemalet, über welchen diese
Worte stehen: Hanns Jugram ein Parsevant
und Knecht der Gesellschaft von dem Esel, wel=
cher hievor geschriebene Turnirs=Gesellschaften,
Namen und Wappen zusammen getragen hat.
A. 1459. Und dieser hat den goldenen Esel auf
seiner Brust hangen; wie ich ihn habe im fünf=
ten Stück meiner Wappenbelustigungen in Ku=
pfer vorstellen lassen. Aber, warum trug er
den Esel? zur Zierde. Der Esel war ein Or=
denszeichen. Kann er verächtlich gewesen seyn?
Ausser dieser Gesellschaft vom goldenen Esel war
noch eine andere bekannt, welche sich schlechthin
die **Gesellschaft vom Esel** nennte; weil sie
in ihrem Banier einen Esel in seiner gewöhnli=
chen Farbe führeten; wie das angezogene Wap=
penbuch bezeuget. Und dieser Esel wird sonst
auch der **untere Esel**, jener aber der **obere**
Esel genennet. Zu dieser Eselsgesellschaft gehö=
reten nun auch viele Graven, Herren und von Rit=
terschaft. Denn so heißt es in dem Wappen=
buch: Die Graven, Herren und Ritterschaft von
der Gesellschaft des Esels, als der Grav von
Sayn, die Herren von Eppenstein — Kann
der Esel ein verächtliches Bild gewesen seyn?
Ueberdem waren die Esel nie schimpfliche oder
verächtliche Thiere. Dieß kann man daher ab=
nehmen. Zu Rom hieß ehehin eine der vor=
nehmsten Familien Asinarii 94) Die Jüdi=
schen Könige mußten auf solchen Thieren reiten;

D 3 weil

---

94) Wie aus der Römischen Geschichte bekannt ist.

weil ihnen GOtt die Pferde verbotten hatte. Der
vornehmste Bediente oder Minister des Königs
David war der Oberste oder der Oberstallmeister
über die Esel 1. Buch der Chronick XXVII. oder
XXVIII. 30. 31. Dieser König mus demnach
eine grosse Menge Esel gehabt haben, und diese
müsse nicht verächtlich gewesen seyn. Sonst wür-
ben sie nicht gehalten worden seyn, und sonst würde der König auch nicht darauf geritten haben.
So ritte Ahitopsel, der voberste und vertrauteste
Minister tieses Königs, auch auf einem Esel
2. Sam. XVII, 23. Deswegen hielte auch der
König der Tochter Zion, der Heiland der Welt,
seinen Einzug auf einem Esel, zum Anzeigen, daß
er der wahre König in Israel seye, der sich nach
dem Gebot seines Vatters richte; weil die jüdischen Könige von Salomo an die Pferde einge-
führet, und wider GOttes Gebot gehandelt hatten. Und so soll auch der Meßias der Juden
auf einem Esel seinen Einzug noch halten, welcher aber seines gleichen nicht hat; denn er soll
hundert Farben haben — So stehen selbst bey
GOtt die Esel in grossem Ansehen. Man kan
dieß daher abnehmen. Im alten Testament sind
alle Erstgeburten zum Opfer bestimmet gewesen;
aber nur der Mensch und der Esel waren davon
befreyet. Jener wurde mit einem gewissen Stück
Geld; dieser aber mit einem Schaf gelöset. Auch
die Astronomi halten die Esel in Ehren. Sie haben sie bis an den Himmel unter die Sterne versezet.
Denn bey dem Krebs sind zwey Sternlein, welche sie Eselin (Aselli) nennen, und gleich dabey
sind

sind drey andere kleine Sternlein, welche ihnen zu einer Krippe dienen. Welche Ehre haben nicht hier die Esel! Ja die Türken thun dem Esel, auf welchen der Heiland seinen Einzug gehalten hat, noch eine grössere Ehre an. Sie sezen diesen Esel mitten in ihr Paradieß hinein zu ihrem grossen Propheten Mahomed — Auserdem wurden die Esel zu den vornehmsten Schäzen oder Reichthümern gezählet. Dieß kann man unter andern am Hiob abnehmen. Dieser hatte 500 Esel, und als sein Verlust doppelt ersezet wurde: so bekam er tausend Esel: Dieß wird als ein grosser Reichthum angeführet. Können die Esel verächtlich gewesen seyn? Eben so wenig war bieß bey andern Völkern. Die Deutschen haben sie so gar göttlich verehret. 95) Dieß thaten auch die Böhmen. 96) Ja andere Völker, und besonders die Römer, opferten den Göttern die Esel als heilige Thiere auf — 97) Dieß Opfer geschahe im Junius. Alsdenn hatten die Esel ein grosses Fest. Sie giengen frey und ledig in der Stadt herum. Sie hatten Kränze auf den Köpfen, und ein Kleinod am Hals hängen.

Aber, warum haben die Herren Riedesel, oder vielmehr der Stammvatter, ein solch Wap-

D 4

pen-

95) Davon die Zeugniße Speners Histor. Germ. pag. 93 zu finden.

96) Darüber Döderlein in den Antiquitat. Gentilismi Nordgav. S. 23. beygebracht hat.

97) Hievon hat *Vossius* in dem schönen Werk de origine Idololatriae cap. 40. pag. 304. gehandelt.

penbild angenommen? Auf diese Frage ist ohnmöglich zu antworten; wie ich schon erinnert habe. Und so ist es mit allen andern Wappenbildern beschaffen. Ihr Ursprung kann nicht angegeben werden, und von denen er angegeben wird,
ist er fabelhaft. Wie fabelhaft ist nicht der Ursprung des Hochfreiherrlich Seckendorfischen Wap-
pens, wie ihn die Rotenburgische Chronick 98)
angiebet: Vielleicht soll der Esel in dem Riedeselischen Wappen keinen zahmen, sondern einen
wilden, oder einen Waldesel vorstellen. Diese
sind ein Bild der Stärke in der heiligen Schrift.
Daher wird der ganze Stamm Isaschar ein stark
gebeinter Esel genennet. — 1. Mos. XLIX,14.
Ja sie haben die Pferde im Lauf übertroffen 99)
Bey den Egyptiern aber war der Esel ein Bild
der Weisheit, der Tapferkeit, des unermüdeten
Fleisses, der Gedult und der Sparsamkeit. 98 *)
Und sie haben damit so viel lehren wollen, daß,
wer der Weisheit nachforschen, oder gelehrt werden wolle, der müsse nüchtern leben, und sich mit
wenigem befriedigen lassen, wie der Esel — er
müsse alles, was ihm in der Welt begegnet, mit
gleichem Gemüth ertragen, sich nichts irre machen lassen, nicht schmälen oder zanken, wie ein
Esel;

98) Sie stehet in des *Duellii* Miscellaneis.

99) Davon *Xenophon* Lib. I. expedit. Cyri ein merkwürdiges Exempel erzählet. Auch *Vossius* führet selbiges am angezogenen Ort Lib. III. Cap. 63.
pag. 533 an.

98 *) Wie *Alciatus* in den Emblematibus pag. m. 56.
berichtet.

Esel; denn dieser habe keine Galle, und vertrage sich mit allen Thieren — er lasse sich auch ohne Widerwillen alles auflegen — mit allem zu frieden seyn, wie der Esel, es mag Riedgras oder Salat seyn — die schwerste Arbeit unternehmen, wie der Esel — Jedermann dienen, wie der Esel — auch die Geheimniße behalten — So vieles haben die Alten durch den Esel vorstellen, oder abbilden wollen. Ueberdieß ist er selten krank, und lebet länger als andere Thiere. — Er wird auf dreißig Jahre alt. Eben solche grosse Gedanken hatten die Jüdischen Rabbinen und Cabalisten von dem Esel. Sie sagen, seine Influxion komme von Sephiroth her, und werde die Hogma, das ist, Weisheit genennet 100) Es ist also, kurz zu sagen, das Bild eines vortreflichen Menschen — Kann nun der Esel, wenn man alle diese Umstände bedenket, kann er ein schimpfliches Zeichen in einem Schilde seyn? Mus er nicht vielmehr ein besonderes Ehrenzeichen seyn? Und mus dieß nicht auch das Bild in dem Riedeselischen Schilde seyn?

Hier haben **Eure Hochfreiherrliche, Gnaden** meine wenigen Gedanken von dem Al-

D 5   ter-

100) *Nicolaus Vpsonus* ist in seinem raren Buch de officio militari lib. 4. pag. 151. da er von dem Esel handelt, allzu sinnreich, wenn er daselbst also schreibet: Asinum vero in armis portare significat hominem tardum, pium, mansuetum, verbis et operibus suis blandientem, iniuriarum sibi illatarum oblivionum et multa obprobria patienter sustinere paratum ——

terthum und Wappenbild des Hochfreiherrlich
Riedeselischen Hauses ; so viel ich nämlich habe
in dieser grossen Finsterniß erblicken können. Sie
sehen, daß Sie in ein uraltes Haus geführet worden; so alt Dero eigenes Stammhaus ist, als
dessen Ursprung kann auch nicht ergründet werden — Aber nicht nur in ein altes Haus sind
Sie geführet worden. Sie sind auch in ein
ganz besonders merkwürdiges Haus gekommen;
in ein Haus, welches von allen freiherrlichen und
adelichen Häusern auf eine ausnehmende Weise
glänzet, und welches mit Dero Stammhaus sehr
viel ähnliches hat. Erlauben Eure Hochfreiherrliche Gnaden, daß ich dieß mit wenigen
zeigen darf. Wie die göttliche Vorsehung über
das Seckendorfische Haus ganz besonders
waltet ; indem dasselbe bis jezt im dauerhaften
Flor stehet ; andere Familien aber, welche vor
einigen hundert Jahren gelebet, und auch in burg-
grävlich-Nürnbergischen und Markgrävlich-Bran-
denburgischen Diensten gestanden, schon längst
ausgestorben sind, und man sie auch kaum dem
Namen nach mehr kennet ; so siehet man auch
dieß an dem Riedeselischen Hause; als welches noch immer im Flor stehet ; da hingegen so
viele andere Häuser in Hessen schon längst ausge-
loschen sind — Wie das Seckendorfische
Haus von Gott ist deswegen erschaffen und bisher erhalten worden, um beständig grosse Männer aufstellen zu können, wie man vor Augen siehet; so muß man von dem Riedeselischen Hause ein gleiches sagen — Und was das Hochfrei-
herr-

herrlich Seckendorfische Haus in Franken
ist; eben dieß ist das Hochfreiherrlich Riedeselische Haus iu Hessen — Wie das Hochfreiherrlich Seckendorfische Haus über 600 Jahre, ja wol noch länger, und von unbenklichen
Jahren an 101) von Zeit zu Zeit die ansehn-
lichsten, die vordersten Würden bey den Herren
Burggraven in Nürnberg und nachmaligen
Herren Markgraven zu Brandenburg
bekleidet haben, und auch jezt noch bekleiden; so
daß es scheinet, die Vorsicht habe die Herren von
Seckendorf an das Hochfürstliche Haus Brandenburg in Franken besonders gebunden (und
welch

101) Schon im J. 1246. sind Arnold, Burkhard
und Ludwig von Seckendorf die vornehmsten
- Ministri des Herrn Burggravens in Nürnberg gewesen, wie eine Urkunde im zweiten Versuch meiner Burggrävlich Nürnbergischen Geschichte
S. 133 bezeuget. Dieß ist die älteste burggrävliche Urkunde, welche man zur Zeit aufzuweisen
hat. Die ältern sind verkommen, oder sie sind
von Abenberg in das Eichstätter Archiv gekommen. Jene drey Herren sind nicht erst 1246. in
burggrävliche Dienste gekommen. Dieß geschahe schon vorher; wie leicht zu erachten ist. Sie
können in diesem Jahr nicht mehr jung gewesen
seyn; welches daher abzunehmen; weil sie in
der Urkunde allen andern vorgehen. Ohnfehlbar
sind sie schon im 12ten Jahrhundert gebohren worden. Ohnfehlbar war auch ihr Herr Vatter schon
in burggrävlichen Diensten. Und gewiß waren
diese Herren, oder ihre Vorältern schon von der
Zeit an in burggrävlichen Diensten, als das
Burggravthum Nürnberg an das Zollerische
Haus kam. Die Ursache hiervon zeige ich an
einem andern Orte an.

welch seltenes, welch wunderbares Erempel ist
nicht dieses! Da man zwar findet, daß Personen von andern Familien bey diesem Hochfürstli-
chen Hause sind auch zu hohen Würden gelanget,
auch wohl Vatter und Sohn; aber nur auf eine
Zeit lang, und ihre Nachkommenschaft ist entweder
ausgestorben, oder sie haben nicht zu dergleichen
Ehrenstellen gelangen können; nur von dem Seckendorfischen Hause, nur von diesem einzigen
Hause kann man bieß sagen; nur bieß behält immer seinen Plaz; und wie wunderbar ist nicht
bieß!) eben so hat das Hochfreiherrlich Riedeselische Haus bey den Herren Landgraven in
Hessen seit einigen Jahrhunderten die größten
Ehrenstellen bekleidet, und ist wegen der Erb-
marschall-Amts-Würde ohnehin das vornehmste Haus in ganz Hessen — Und so groß
die Verdienste jenes Hauses um die beyden Fürstenthümer Bayreuth und Onoldsbach sind, und
auch deswegen dasselbe von GOtt besonders gesegnet
und erhalten wird; eben so groß sind die Verdienste des Hochfreiherrlich Riedeselischen Hauses
um beyde heßische Fürstenthümer oder um ganz
Hessen — — Wie das Hochfreiherrlich Seckendorfische Haus grosse Männer im geistlichen Stande aufstellen kan, und darinn vornämlich
einen Caspar von Seckendorf, welcher im J.
1590. zum Bischofen in Eichstätt erwählet worden:
so kann das Hochfreiherrlich Riedeselische Haus
ein gleiches thun. Es kann einen Philipp
Riedesel aufstellen, welcher ist zum Johanni-
ter-Meister und Fürsten in Heibersheim 1594.

erwählet, und auch einen **Volpert Riedeſel,** welcher zum Fürſten in Herßfeld 1493 gemas chet worden — Wie das Hochfreiherrlich Se ckendorfiſche Haus groſſe Männer im Staat aufgeſtellet hat, und noch immer aufſtellet; 102) ſo kann dieß auch das Hochfreiherrlich **Riedeſe**= liſche

102) Ich will hier nur zwey groſſe Männer aus dem Seckendorf Aberdariſchen Hauſe in den ältern Zeiten aufſtellen. Der erſte iſt Herr Arnold von Seckendorf Aberdar. Dieſer war des Herrn Burggravens Friederichs und erſten Mark gravens zu Brandenburg vertrauteſter Miniſter. Er zog mit ſeinem Herrn auf das Concilium zu Coſtnitz, und war dabey, als er Kurfürſt und mit der Mark Brandenburg vom Kaiſer beliehen wur de. Er wurde ſehr oft an die Böhmiſche Ständ de und auch an den Kaiſer in den wichtigſten An gelegenheiten geſendet; wie Gundling in dem Leben des Kurfürſt Friederich zu Branden burg umſtändlich berichtet.

Der zweite iſt Herr Hanns von Seckendorf Aberdar. Als die Herrn Markgraven in Franken auf 5. Jahre auſſerhalb Landes um gewiſſer Urſa chen willen giengen; ſo errichteten ſie im J. 1522 ei ne Stadthalterſchaft. Hiebey aber war der Herr Hanns von Seckendorf Hauptmann oder der Präſident. Denn ſo ſagt meine Urkunde: zum erſten ordnen und wollen wir, daß das Fürſtliche Regiment dieſer Zeit abgethan, und eine Stadt halterey zu Onoltzbach aufgerichtet werde — So haben wir uns jezo mit einander vergleicht und vereiniget, daß Unſer Amtmann zu Feucht wang, Rath und lieber getreuer Hannß von Seckendorf Aberdar Ritter, unſer Haupt mann ſeyn ſolle — Wegen ſeines Alters und

Schwach=

lische Haus thun; und es würde mir am Plaz
fehlen, wenn ich sie alle nahmhaft machen wollte
— Wie das Hochfreiherrlich Seckendorfische
Haus von jeher die Wissenschaften geliebet und
auf alle Weise befördert hat, davon unter vielen
andern Dero Herrn Vatters, des Kaiserlich
wirklichen Herrn geheimen Raths Hochfreiherrliche Excellenz, (als Hochwelche zu
Leipzig eine Academische Streitschrift mit allge-
meinem Beifall vertheidiget haben,) und Dero
Herrn Bruders, des Herzoglich Würtembergi-
schen Cammerherrns und Regierungs-Raths zu
Stutt-

Schwachheit begehrete er oft seine Dimission,
und zwar gleich im ersten Jahre. Hier unter-
schrieb er sich also:

Eurer Fürstlichen Gnaden,

gehorsamer

Hannß von Seckendorf,
Aberdar, Ritter, Amtmann
zu Feuchtwang.

Im Jahr 1531. wiederholete er seine Bitte, und diese endigte er also: Eurer Fürstlichen Gnaden,
alß meinen gnädigen allerliebsten Herrn —
Er konnte aber doch seine Dimission nicht erhalten. Vielmehr ersuchten die Herren Markgraven ihn eigenhändig, bey der Stadhalterschaft zu
bleiben, und welches er auch that. Wie viel Vertrauen müssen nicht die Herrn Markgraven in ihn
gesezet haben! Welch ein Nachruhm für diesen
Herrn! Und welche Ehre für das ganze Secken-
dorf- und Aberdarische Haus!

Stuttgard, wie auch Johannitter-Ritters, Hochfreiherrliche Gnaden; besonders aber auch
Dero Herr Schwager, unser grosse Freiherr
von Seckendorf Aberdar in Bayreuth, nämlich des dirigirenden Herrn geheimen Ministers,
wie auch Cammer-und Landschafts-Präsidenten,
Hochfreiherrliche Excellenz (welchen Herren ich
schon vor fünf und zwanzig Jahren im Geist in
diesen grossen Würden gesehen habe 103) so viele Beweise zu Tage geleget haben, und noch immer an den Tag legen; so kann man eben dieß dem
Hochfreiherrlich Riedeselischen Hause zu seinem Ruhm nachsagen. Welch herrliches Zeugniß giebet nicht eine alte Heßische Reim-Chronic t
104) diesem Hause unter dem Jahr 1567. Wie
schön singet dieser Poet; ob er gleich nach der alten Weise also singet:

Das edle und tapfer Geschlecht
Der Ried-Esel ist kommen recht
Durch Kauf hernach zu diesem
Haus 105).

Wie

103) Nämlich in dem zweiten Versuch der Burg-
gräflich Nürnbergischen Geschichte S. 631 in der
Anmerkung.

104) Sie stehet in Kuchenbeckers Analect. Haff. Coll.
VI. pag. 345.

105) Das Haus, von welchem der Poet redet, bedeutet nach der Sprache mittlerer Zeiten ein Castrum oder ein Schloß. Er meynet aber das
Haus oder Schloß LudwigsEck, welches nach
dem Namen des damaligen Landgravens Lud-
wigs

Wie die Verzeichnuß weisen aus,
Weil dieß from und ehrlich Ge-
schlecht 106)
GOtt und gute Kunst ehret recht,
Drum hat GOtt das hoch geziert
Und ihn viel Ehr und Guts be-
schert,
Wer GOtt und Tugend ehren thut,
Dem vergilt ers mit Ehr und Gut.

Hier giebet nun dieser Poet den Herren Riedeseln das Zeugniß, daß sie von jeher die guten
Künste geehret hätten, und dadurch werden die
damals bekannten sieben freien Künste, oder überhaupt die Wissenschaften verstanden. Sie hießen
aber deswegen insonderheit freie Künste, weil sie
nur freie Personen, welche nicht Leibeigen waren, studiren durften. Die Herren Riedesel
ehreten von alten Zeiten her solche Personen, welche diese Wissenschaften lerneten und lehreten.
Ja

wigs also genennet wurde. Das Chronicon
Thuring. et Hassiacum in des Freiherrn von Sem-
penberg Select. Jur. et Histor. Tom. III. pag. 415
berichtet dieß also: Dieser Landgrav Ludwig
bauete den Ludwigstein und Lugwigs Aue, ver-
gonnete vnd half auch dazu, daß die Ludwigs-
Ecke gebauet ward, das thaten die von Holzhehn
und Rietesel mit Namen Herr Heermann Ridt-
esel Ritter — Doch saget Gerstenberger in
der Thüring. und Heßischen Chronic in Herrn
Schminkens Monum. Hass. Tom. II. pag. 536.
Der Landgrav habe Ludwigs-Eck selbst erbauet.
106) Die Worte fromm und ehrlich waren damals
von größter Bedeutung.

Ja, ſie lerneten ſelbige ſelbſt. Ein groſſer Nachruhm für dieß Haus! Denn ehehin hielten die
weltlichen Herren nicht viel auf die Wiſſenſchaften — Und ſolche Mäcenaten, ſolche Liebha-
ber und Beförderer der Wiſſenſchaften hat dieß
vornehme Haus von Zeit zu Zeit, und bis auf den
heutigen Tag, aufgeſtellet. Ich will nur zwey
ſolche Herren anführen: Der erſte iſt Herr Philipp Riedeſel zu Camberg, vormals des Jo-
hanniter-Ordens Prior in Ungarn, Rector in
Ober-Deutſchland, Commenthur zu Erlingen
und Frankfurth, nachmals aber Johanniter-
Meiſter und Fürſt zu Heidersheim, deſſen ich
ſchon oben gedacht habe.

Dieſem dedicirte der bekannte Siegmund
Feyerabend zu Frankfurt 1584 ſeine Sammlung von Reis-Beſchreibungen in das gelobte
Land 107) und hier ſchreibet er zum Ruhm dieſes

---

107) Bey dieſer Dedication iſt das Wappen des Herrn
Philipps Riedeſel in Holzſchnitt, aber ſehr fein
vorgeſtellet. Der Eſelskopf iſt in einem weiſen
Felde ſchwarz abgebildet. Eben dieß geſchiehet
auf dem Helm. Der Eſel hat eine Diſtelblu-
me im Maul; da er ſonſt ein dreyblätterichtes
Riedgras hat. Dadurch haben ſich die verſchiedenen Linien dieſes Hauſes von einander unterſchieden. Bey den andern war der Schild gelb
oder Gold. Manchmal war der Eſelskopf auch
ſchwarz; aber auch manchmal in grauer Farbe.
In dieſer Linie ſahe er von der Rechten zur Linken; in der andern aber von der Linken zur Rechten;

E

ſes Herrn alſo : „Demnach aber E. E. St.
„(Euer Ehrwürden Streng) auch aus dem Mit-
„tel ermelten Ordens, und zwar nicht allein we-
„gen hohen Adels, alten Geſchlechts, und für-
„treflichen Ritterlichen Thaten, unter den für-
„nehmſten berühmt, ſondern auch ihres hohen
„Verſtandes, beſonderer Erudition und Geſchick-
„lichkeit wegen, bey männiglich in hohem Anſehen
„und

teh; wie ſchon oben bemerket worden iſt. Das
Helmkleinod war wieder unterſchieden. Eine
hatte den bloſſen Eſelskopf zum Helmkleinod; die
andere aber einen doppelten Flug, und in jedem
ſahe man den Eſelskopf — bey obgedachten
Wappen iſt das ſchöne Epigramma zu leſen, welches der damals berühmte Römiſche Ritter und
Poet *Meliſſus* über jenes Wappen verfertiget hat,
und darinn er bezeuget, daß der Eſel ein Bild
der Weisheit ſeye. Dieß Epigramma iſt ſo ſchön,
und ſo merkwürdig, daß ich es hier wiederholen
mus :

Nomina ab eventu ſunt indita ſaepe, et ab ipſis
   Nobilium retinet ſigna petita genus.
Vos Aſini caput, in rigido cui carduus ore eſt,
   Geſtatis, durum devorat omne labos.
Aſtiacum propter litus fauſti ominis ergo
   Auguſto hoc animal palmea ſigna dedit;
Eutychus et Nicon (haec beſtia, agaſo ſed alter)
   Obvia quum magno crura tulere duci.
Quid, quod Hyperborei mactabant talia Phoebo
   Corpora ? *nam Sophiae ſymbolon exſtat Onos.*
Vere Hieroglyphicum eſt. Aſini o ridetis inertes,
   Quod praeſtat gnavos gens Ridefella viros !

P. Meliſſus, Comes Pal.
et Eq. civis Romanus.

„und ſtattlicher Reputation billig gehabt und ge=
„halten wird — Darum auch E. E. G. zu den
„vornehmſten Prälaturen und Herrlichkeiten hoch=
„gemeltenOrdens in Ungarn und Oberdeutſchland
„mit gemeiner Bewilligung erhebt und gezogen.
„Zudem, daß auch ich ſelbſt E. E. G. wegen
„groſſer Gnade, Gunſt, auch viel und manchig=
„falter mir bezeigter Gut und Wohlthaten,„ —
welch ein Nachruhm für dieſen Herrn! der zwei=
te iſt der vormalige Herr Burggrav zu Fried=
berg und Heſſendarmſtädtiſche erſte Staats=Mi=
niſter, Herr **Hermann Riedeſel**, ein naher
Anverwandter von Dero Herrn Gemal und da=
maliges Haupt des geſamten Hochfreiherrlich
Riedeſeliſchen Hauſes. Was für ein herrliches
Zeugnis giebet nicht dieſen Herrn mein unvergeß=
licher Gönner, der Reichshofrath Freiherr von
Senkenberg! Wie ſchön lautet es nicht, wenn
dieſer in der zu Gießen gehaltener und nachher
zum Druck beförderter Inaugural=Rede in einer
Anmerkung (168) alſo ſchreibet: aderat vir il-
luſtriſſimus maiorum imaginibus ſpectatiſſimus,
ſed clarior actis ipſe ſuis, Haſſiae amor, Ger-
maniae delicium *Riedeſelius* Baro, Burggravius
Fridbergenſis, Miniſter Status Principis pri-
mus, Mareſchallus Haſſiae hereditarius et Ar-
chiſatrapa Niddanus, titulos meriturus omnes,
ſi fata vellent, vir in tantum laudandus, in
quantum generis gloria, Candor, experientia,
eruditio, fides intelligi poſſunt — Und in

E 2 der

108) Dieſe Rede ſtehet in ſeinen Meditationibus jus publ.
privat. & hiſtor. concernent. faſciculo primo p. 115,

der an diesen Herrn gerichteten Dedication des
zweiten Theils seiner Meditationen, welche das
Staats-Recht und die Historie betreffen, saget er
also: Viro perillustri, *Hermanno Riedeselio,*
omnis eruditionis Maecenati, Virtutibus vltra
titulos, vltra elogia progresso — tanto nomi-
ne non satis dignum testem — Welche Zeugnisse sind nicht dieß! Aber auch welche gegrün ete
Zeugnisse! Sie kommen von einem Mann, welcher
allen Glauben verdienet — welcher nicht geschmeich-
let, sondern die reine Wahrheit geschrieben, und seinen Mäcenas so gut gekennet hat — Könnten sie
wohl grösser und rühmlicher seyn! Verdienet eine
solche vortrefliche Person nicht auf alle Weiße, daß
ihr Angedenken erneuret-, daß es erhalten und der
Nachwelt zum Exempel aufgestellet werde? Und
siehet man nicht das Bild dieses Herrn in Dero
Herrn Schwiegervatter, nämlich in des Kö-
niglich Grosbritannischen und Kurfürst-
lich Braunsweigischen vormundschaft-
lichen Herrn geheimen Raths zu Os-
nabrück Hochfreiherrlichen Excellenz,
und in Dero Herrn Gemals Hochfreiherrlichen Gnaden? Zeuget es nicht von Dero
grossen Liebe gegen die Wissenschaften, aber auch
von Dero grossen Gelehrsamkeit, da sie in Tübingen öffentlich disputirten, und Sich den Juristi-
schen Doctors-Huth aufsezen liessen? Sind solche
Personen nicht um so mehr zu verehren? da so wenige von dem Abel sind, welche diese Würde begehren? da sie doch ehehin höher als die Ritterliche
Würde gehalten wurde, und man den Doctor dem
Rit-

Ritter insgemein vorgesezet hat — Und dieß
mit allem Recht. Denn es kostet weit mehr Kopf=
verbrechens, so viel zu lernen, bis man Doctor
werden kann, als es kostet zu lernen, daß man im
Krieg tapfer seyn kann, damit man zum Ritter
geschlagen wird — Und was an Dero vor=
treflichen Herrn Gemal ich bey meiner persön=
lichen Aufwartung neulich selbst gesehen und
gehöret habe, das fället meiner Feder unmöglich
zu beschreiben — — Ist aber ein Herr, wel=
cher die Wissenschaften liebet, nicht doppelter Eh=
ren werth? Machet er sich nicht unsterblich? Ist
der Umgang mit einer solchen Person nicht noch
einmal so angenehm? Was für Vergnügen wer=
den nicht erst Eure Hochfreiherrliche Gna=
den finden, da Sie Selbst die Wissenschaften lie=
ben? Und es so weit gebracht haben, daß Sie
billig unter die gelehrten Damen zu zählen sind. —
Beynahe hätte ich den größten Mann ver=
gessen, welchen das Hochfreiherrlich Riedeseli=
sche Haus in unsern Tagen aufstellet, nämlich
Dero Herrn Gemals Herrn Stiefbruder, Sei=
ne Hochfreiherrliche Excellenz, den Kö=
niglich Preusischen Cammerherrn und lezthin ge=
wesenen Gesanden an dem Römisch Kaiserlichen
Hof zu Wien; welcher Herr auch unserer hohen
Schule zu Erlangen die größte Ehre machet,
weil er daselbst studiret hat. Aber, ein Gesand=
ter eines so grossen und so weissen Monarchens zu
seyn — ein Gesandter an einem so grossen Hof,
ja an dem vornehmsten Hof in Europa zu seyn
— und noch dazu in so grossen, in so höchstwich=

E 3   tigen

tigen Geschäften — mit vollkommener Zufrie-
denheit seines Königs in einer so critischen Situa-
tion — wieviel gehöret dazu, und was für ein
grosser Geist mag nicht in einer solchen Person
wohnen? Doch ist dieser Herr noch ausser dem
der größte Mann in dem Hochfreiherrlich Riedeselischen Hause, und wohl in ganz Deutschland. Dieß ist er in Absicht seiner Reisen.
Denn niemand wird wohl da seyn, welcher solche weite Reisen gethan, als in die **Schweiz**,
nach **Italien**, **Frankreich**, nach **Griechen-
land**, in die **Levante**, nach **Portugall**,
Spanien, **Engelland**, **Schottland** und
Irrland, wie dieser Herr unternommen, und
sich daselbst verschiedene Jahre, und nicht einige
Monate, aufgehalten hat, wie sonst andere rei-
sende Herren thun. — Und niemand wird solche weite Reisen mit größerer Aufmerksamkeit
gemacht haben, als dieser Herr. Er sahe nicht
etwan zu Paris nur die Anatomie-Cammer und
das Observatorium — zu London die Löwen und
den Tower — zu Rom die unterirrdischen Grüf-
te — und zu Neapel das Blut des heiligen Ja-
nuarius — oder, wenn man noch mehr gesehen
hat, den König in Frankreich die Kröpfe anrüh-
ren — den König in Engelland ins Parlament
fahren — und den Pabst auf einem Tragsessel
sizen, und dem Volk den Seegen ertheilen, (soviel siehet man insgemein, wenn man viel sehen
will, und wenn man dieß alles gesehen hat, alsdenn höchstvergnügt nach Haus reiset); So aber
hat Dero vornehmer Freund nicht gereiset, und nicht

gese-

gesehen. Seine herausgegebene, und mit allge-
meinem Beifall aufgenommene Reisebeschrei-
bung nach Sicilien und Großgriechen-
land und die Remarques d'un voyageur mo-
derne au Levant sind die deutlichsten Beweise,
mit was für Aufmerksamkeit, mit was für Fleiß
er sich in diesen Ländern aufgehalten hat. Aber
solche Reisen, solche weite und kostbare Reisen
kan auch nur eine Person aus dem Hochfreiherrlich Riedeselischen Hause, oder ein Freiherr
von Riedesel unternehmen — Endlich zeigen auch von seinem grossen Geist die Briefe,
welche der noch berühmte Abt Winkelmann
an ihn geschrieben hat, und in der Sammlung
der Briefe dieses Mannes anzutreffen sind. Denn
mit kleinen Geistern hat sich dieser Mann nicht
abgegeben — Mehr darf ich von diesem Herrn,
der nun zu Berlin in dem Departement der aus-
wärtigen Affairen zu seinem grossen Ruhm ar-
beitet, jezt nicht sagen —

Eure Hochfreiherrliche Gnaden schen-
ken mir demnach auf eine kurze Zeit noch Dero
Aufmerksamkeit. So wie das Haus Seckendorf von Zeit zu Zeit tapfere Herren und grosse
Helden aufgestellet hat: so kann man auch dieß
von dem Riedeselischen Hause sagen. Ich
müßte viele Blätter anfüllen; wenn ich diese
Herren alle nahmhaft machen wollte. Doch will
ich nur einen oder zwey nennen, in welchen sich
der Seckendorfische Heldengeist besonders geoffen-

E 4   baret

bäret hat. **Eure Hochfreiherrliche Gna-**
den werden leicht errathen, wen ich meyne,
nämlich Dero verewigten Frauen Grosmama
leiblichen Herrn Bruder, den Kaiserlichen wirklichen Herrn General-Feldmarschall und geheimen
Staatsminister, Grafen von **Seckendorf Gut-**
end, ein Bruders-Sohn des durch seine Schriften sich unsterblich berühmt gemachten Herrn
Veit Ludwig von Seckendorf Gutend.
Und ich erinnere mich dieses Herrn mit so grösse-
rer Ehrerbietung, da ich das Glück gehabt, Ihn
persönlich verehren zu dürfen, und auch viele
schriftliche Denkmale von Dero gnädigsten Zunei-
gung gegen mich aufzuweisen habe — Wie haben nicht auch Dero vortreflichen Frauen Schwe-
ster, (eine grosse Zierde der Damen), Herrn Gemals, des Kaiserlichen Herrn Generals Freiherrn von **Seckendorf-Aberdar** zu Untern-
zenn **Hochfreiherrliche Excellenz** Ihren
Heldengeist in dem vorigen Krieg, insonderheit
aber bey der Eroberung der Bestung Peiz gezeiget? — Solche Herren, solche Heldenmüthige
Herren hat auch das Hochfreiherrlich **Ried-**
eselische Haus von Zeit zu Zeit aufgestellet.
Wo sollte ich aber anfangen, und wo sollte
ich Plaz finden, wenn ich sie alle nahmhaft
machen sollte? Ich will also nur wenige anführen. Was für tapfere Herren, was für Helden
mögen nicht die zwey Herren Brüder **Georg**
und **Hermann Riedesel** gewesen seyn, welche
den Fürsten und Abten zu **Fulda** im J. 1475.
befehbet, und einige Jahre so viel zu schaffen gemachet

machet haben? 109) Wie viel Ansehen müssen
diese zwey Herren von Adel gehabt haben; da sich
auch ein Fürst hat vor ihnen fürchten müssen;
welcher noch dazu einen so grossen Lehenhof hatte! — Und vorher im J. 1443. zog der Herr
Georg Riedesel dem Pfalzgraven **Friede-**
E 5 **rich**

109) Bey dem **Kuchenbecker** am angezogenen Orte
S. 356. Die Heßische Reimchronic giebet von
dieser höchstmerkwürdigen und dem Riedeselischen
Hause zur Ehre gereichenden Fehde folgende
Nachricht:

**Vehde des des Apts zu Fulda und
der Riedesel, darin sich die Brü-
der Landgrafen zu Hessen gesteckt.**
Graf Reinhard von Wilnau der lezt
In dem Geschlecht, der war gesezt
Zum Apt gen Fulda in das Stifft
Denselben Apt ein Vehdt betrifft
Mit zween Brüdern von Adel guth,
Die man Ridesel nennen thut,
Und hiesen Georg und Herman,
Viel Leyds und Schadens han gethan
Dem Apt zu Fulda und dem Stifft,
Gar hart man sie auch wieder trifft,
Die Landgraven sich allda beyd
Ins Spiel zu mengen warn bereyt,
Landgraf Ludwig thät ein Beystandt
Den Riedeseln zuvor genandt,
Dem Stifft stund Landgraf Heinrich bey,
Die Herren sich da zogen frey
Um *S. Bonifacii* Kapp,
Welches auch leer nicht ginge ab.

Die Thüring-Heßische Chronic aber am angezoge-
genen Orte bey dem Herrn von Senkenberg
schreibet S. 441 also: Cap. 118.

rich am Rhein, welcher mit dem Herzog Ludwig zu Baiern in Krieg verwickelt war, mit
150. Rittern zu Hülfe. Denn so berichtet die
Thüringische und Heßische Chronic unter angezogenem Jahre bey dem Freiherrn von Senkenberg im angeführten Ort: und uß Heßen Jorg
Riedt-

Wir Georg und Hermann Riotefel, des Apts von Fulda Feinde werden

— daß zwei Edelmänner Ridtefel Hermann
und Georg genant, Gebrüdere, die wurden fein
und des Stiffts Feinde, und thaten ihm mannig-
fältigen Schaden; doch weret sich der Abt, und
vergaß ihrer auch nicht — Schannat bringet
aus dem Fuldaischen Archiv, und zwar in dem
Cod. Probationum Histor. Fuldenf. Num. CCXXI.
pag. 312 eine sehr merkwürdige, diese Fehde be-
treffende Urkunde bey, welcher er diese Auffschrift
giebet: *Litterae securitatis incolis villae Salzslirf*
concessae a Reinhardo Abbate Fuldenf. durante
bello adverfus Nobiles de Riedefel. Ich will sie
hier wiederholen. Sie lautet also:

Wir Reynhart von Gots Gnaden Apt des Stiffts zu
Fulde, bekennen mit diesem Brief, daz wir haben
angesehen großlich Schaden, so den unsern armen
Manneren zu Salzslirff hievor zugefugt ist, auch
das sie unsern Fyenden neher dann andere gesef-
sen, und mit dene etzwas gemenget sin, und haben
daruf dieselben armen Lute gemeynlich zu Salzslirff das Dorf und Jre, und sunderlich der Rietesel Knecht, dene sie da seßhaftig haben, so er in
dem Dorff daselbst ist, für uns, und unser Helffer, der wir ungeverlich mechtig sie, gesichert
und sichern die in macht dies brieves diese Fe-
hede zwischen Uns und den Rietefeln, und so
lang die wert ungeverlich, zu Jne oder den Jren
nicht

Riedtesel, der reit bey den Pfalzgraven mit anderthalb hundert Pferden, um Sold wolgerüstet, alle in einer Kleidung; da war Curt von Waldenstein bey sein zwanzig Jahren und war mit vier Pferden darunter, das war sein erste Ausfarte — Eine wichtige Nachricht! welche dem Riedeselischen Hause nicht geringe Ehre machet. Denn der Herr Georg Riedesel kam nicht im Namen eines Landgravens in Hessen, oder sonst eines Herrn, dem Pfalzgraven zu Hülfe. Er that dieß für seine eigene Person, und in seinem Namen: Er kam mit 150. Mann reisigen; wie eine

nicht zu greiffen, oder durch uns Helffer obgemelt gescheen laßen, doch also das dieselb Menner und Knecht unsern Fyenden, noch den Iren keyn Zufuren adder Zulegunge thun, weder mit worten, werken, adder tuden, noch sust keyne wyße, das sie addir ir helffer uns zu schaden gefurdern mocht, auch uns adder unser Helffer nicht jagen, irren, adder drangen. Sie solle auch keynerley by sich haben, nemen, aber behalten zu schutze uswendig um sich here, das unser Vhind (Feind) ist, es fy clein oder gros, nicht usgenomen, sunder sich dieser uebede ganz nicht weren, und stille sitzen an alles geverde: so ferre auch das sie desgleichen von den Riedeseln zwischen die und nehesten Phingstag mit einen offen besigelten brief, auch vorsorgt und gescheurt werden, so aber das nicht geschee, solt dieser brief unmachtig sie, und geben in des zu urkunde disen brief mit unsern zu ruck usgedruckten Insigel besigelt, uf Montag nach Eraudi, Anno Domini MCCCCLXVII. Diese Urkunde hat durchgehends eine Erläuterung nöthig; aber hiezu ist hier kein Plaz, und auch kein schicklicher Ort.

eine andere Nachricht erzählet 110) Es wa=
ren dieß Personen vom Abel oder vom Ritter=
stand, darunter der Curt von Waldenstein der
jüngste war, als der seinen ersten Feldzug that;
weil er erst wehrhaft gemachet wurde; denn dieß
geschahe insgemein im zwanzigsten Jahr. Diese
Ritter erschienen alle in einer Kleidung. Aber
in was für Farbe? Ganz gewiß in der Ried=
eselischen Farbe. Denn da sie der Hr. Georg
Riedesel in seinen Sold genommen hatte; da
sie alle unter ihm dieneten: so hat er ihnen auch
die Kleidung geben müssen, und diese gab er, wie
damals gewöhnlich war, nach der Farbe seines
Schil=

110) So berichtet Lerch in dem Reichs=Ritterlichen
Adelsherkommen in Burgermeisters Biblioth.
Equestr. Tom. I. pag. 303. Dürckheim ward von
Friderico den 8ten Augusti auch eingenommen,
und die Mauren zerschleifft, darinn Philips und
Dieter, Graven zu Leiningen, neben einem Wel=
schen Graven, sampt 24. Reichs=Rheinischen
vom Adel, mit 106. Reysigen gefangen worden,
darvor gleichwohl Pfalzgrav Friderich auch viel
seines Adels verlohren hat. Als Georg Rid=
esel, der führete in diesem Krieg dem Pfalz=
graven 150 Reysiger Pferdt zu, ließ sich
Mannlich brauchen, ward vor Dürckheim
hart verwundt, wie auch neben ihme Godtfried
und Conrad von Waldenstein, Ludwig Waise
von Feuerbach, Henn Klüppel von Elckershau=
sen, Rudolff von der Than, und andere mehr,
Beschahe umbs Jahr 1473. Es seynd auch dem
Pfalzgraven vor Dürckheim todt blieben in einen
Sturm, Cunz von Egelstein, Thöring von Ip=
pingen, Gottfried, Friderich und Marsilius von
Reiffenberg.

Schildes, und des darinn befindlichen Bilds. Ganz
gewiß waren die Röcke grau, und die Aufschläge
gelb. Was für ein Ansehen mus nicht aber dieser Hr. Georg Riedesel gehabt haben! Solche heldenmüthige Herren finden sich auch in den
neuern Zeiten in dem Hochfreiherrlich Riedeselischen Hause. Welch ein Heldenmuth ist es
nicht, daß Dero Herrn Gemals Hr. Bruder, des
Hr. General-Majors Riedesel Hochfreiherrliche Excellenz mit nach America gegangen
sind! Und welchen Ruhm verdienet nicht ein solcher Herr, den nichts nöthiget oder bringet, der
nicht nöthig hat zu dienen, besonders in einem
so gefährlichen und weit entlegenem Lande;
aber nur deswegen dahin gehet, um den Riedeselischen Helden Muth zu zeigen — Endlich
sind Eure Hochfreiherrliche Gnaden auch
in ein recht vom Himmel gesegnetes Haus geführet worden; eben wie das Hochfreiherrlich Seckendorfische Haus ist; nicht nur, weil es so zahl-
reich ist, und bey demselben das alte Sprichwort
noch immer Statt findet, welches man von den
vier vornehmsten Familien in Franken hat, als
die Seinsheimer die ältesten — Die Einhei-
mer die stölzesten — Die Grumbacher die
reichesten — Und die Seckendörfer die mei-
sten — Und dieß auch wegen ihrer Gütter,
welche ein grosses Fürstenthum ausmachen würden, wenn sie noch alle beysammen wären, und
wenn sie aneinander. lägen — Eben so gesegnet ist auch das Hochfreiherrlich Riedeselische
Haus. Ja, man darf wol sagen, daß selbiges
das

das gesegnetefte, das reichfte, das begüttertefte unter allen Freiherrlichen Häufern in Deutfchland
feye. GOtt hat vier vornehme Häufer in Heffen
ausfterben laffen, nämlich das **Eifenbachifche**,
das **Röhrenfurthifche** und das **Bellershei-**
mifche, und auch das von **Verß**; aber das Rie-
defelifche Haus hat er erhalten, und jener Häufer Gütter meiftens erben laffen. Und kommet fonft unrechtes Gut nicht auf den dritten
Erben: fo müffen diefe Gütter wol rechtmäfig
ererbte Gütter feyn; weil fie auf fo viele Erben
gekommen, oder weil fie fo lange bey dem Hochfreiherrlich Riedefelifchen Haufe bleiben — Ift
es nicht zu verwundern, wenn man in dem **Ried-**
efelifchen Erbsvertrag vom J. 1586. liefet
(welchen Eurer **Hochfreiherrlichen Gna-**
den, nebft dem **Entwurf einer Gefchichte**
des Hochfreiherrlichen Haufes von Se-
ckendorf, ich hier vorlege; weil ich vermuthe,
daß Sie felbigen werden noch nicht gefehen haben) wieviel Orte diefem vornehmen Haufe zufte-
hen? Da ift die Stadt **Lauterbach**, wozu
mehr als acht Dorffchaften und viele andere Gütter mit allen Regalien gehören. Da find noch andere Schlöffer und viele Dorffchaften — Wie
viele Häufer können fie fich dieß rühmen? —
Hier fehen Eure **Hochfreiherrliche Gna-**
den, in was für ein Haus, in was für ein glück-
liches und gefegnetes Haus Sie find geführet worden. Aber Sie find nicht von ungefähr dahin
geführet worden, oder das blinde Schickfal hat
Sie nicht dahin geführet. Es hat Sie GOtt
das

dahin geführet, der GOtt, welcher überall seine
Hand hat. Der GOtt, welcher Sie erschaffen
hat; der beschlossen hat, Sie zu erschaffen; eben
dieser GOtt hat auch sogleich das Haus bestimmet,
in welches Sie sollten gebracht werden, und auch
die Zeit und Stunde hatte er bestimmet, in wel=
cher dieß geschehen sollte.

Dieß war nun das jezige Jahr, und der ze=
hende Tag des Monats November. Ein fro=
her Tag! ein höchstmerkwürdiger Tag! an wel=
chen Sie gewiß alle Jahr mit besonderer Rüh=
rung ihres Herzens gedenken werden — Ich
habe nicht nöthig, Ihnen jene Wahrheit zu bewei=
sen. Sie sind selbst in den göttlichen Wahrhei=
ten unserer christlichen Religion wohl unterrich=
tet, und welch eine Ehre für mich, daß ich dieß
weiß, und daß ich die Zeugnisse hierüber aus De=
ro eigenem Munde gehöret habe, so oft gehöret
haben — Sie kennen das Wort des Stifters
unserer Religion, unseres göttlichen Lehrers, wel=
cher deswegen vom Himmel auf Erden gesandt
worden, uns die Wahrheit zu verkündigen. Sie
kennen sein Wort, welches Ihnen mein wür=
diger Freund, der Hr. Pastor Wüstner zu
Obernzenn, bey Dero in dasiger Kirche geschehe=
ner öffentlicher Trauung vorgelesen hat: was
GOtt zusammen gefüget hat, das soll
kein Mensch scheiden — Diese Worte
sind Wahrheiten. Denn sie sind aus dem Mun=
de GOttes gegangen. Was GOtt zusam=
men gefüget — Wie viele Wahrheiten,
wie

wie viele tröstliche Wahrheiten trägt nicht unser
göttlicher Lehrer in diesen wenigen Worten vor!
GOtt ist es, will er sagen, welcher die Menschen
zusammen füget. GOtt ist es, welcher machet,
daß zwo Personen, welche von einander nichts
gewußt haben, mit einander bekannt werden, auf
eine wunderbare Weise oft bekannt werden —
GOtt ist es, welcher die Wege bahnet, daß un-
bekannte Personen einander sehen — einander
kennen lernen — GOtt ist es, welcher Mit-
telspersonen erwecket, um Bekanntschaft zwischen zwoen Personen zu machen — GOtt ist
es, welcher die Herzen zu einander neiget, sie
durch einen geheimen Zug der Liebe verbindet,
ein Liebesfeuer in Ihnen entzündet, oder wie ein
Haller singet:

Der Trieb, der uns für andre rühret,
Vom Himmel kommt sein Brand, der
keinen Rauch gebieret,
Von seinem Ebenbild, das GOtt den
Menschen gab,
Druckt kein Zug deutlicher sein hohes
Urbild ab.
Sie, diese Liebe, ist der Menschen er-
ste Kette.

GOtt, welcher die Liebe ist, dieser machet es, daß
zwo Personen, so bald sie einander sehen, sich lieben — GOtt ist es, welcher alle Schwierig-
keiten, alle Hindernisse überwinden hilft, welche
in den Weg geleget werden, oder sonst sich her-
vor

vortfun. Denn wenn taufend Hinderniffe kom,
meu: fo triumphirt fein weifer Rath — GOtt
ift es, welcher machet, daß eine Perfon Vatter
und Mutter, ja die ganze Freundschaft verläßt,
recht freudig und getroft verläßt, und fich mit ei,
ner fremden Perfon verbindet, ihr Vatterland
verläßt, und mit ihr in ein fremdes Land gehet —
Alle diefe Wahrheiten prediget unfer göttlicher
Lehrer in den angezogenen Worten. Wie tröft,
lich find fie nicht! Wie tröftlich für Sie, mei,
ne theurefte gnädige Frau! Da Sie diefe
Wahrheiten an Dero eigeuer Perfon erfahren;
da Sie felbft deutliche Spuren der göttlichen
Vorfehung werden wahr genommen haben, bey
denen Sie ausruffen müffen: Hier ift GOttes
Finger — Und dieß um fo mehr, da weder
Sie, noch Dero Herr Gemal einen übereilten
Schritt gethan haben — Die Klugheit erfor,
dert, und wenn eine Ehe foll vergnügt und glück,
lich feyn, daß man eine Perfon erft wohl kennen
lernet — Sie will, daß man alles wohl über,
leget, ehe diefe unzertrenliche Verbindung vor
fich gehet, diefe Verbindung, davon nichts losma,
chet, als der Tod — Diefes alles ift von Jh,
nen beyder Seits gefchehen — Wie glücklich,
wie vergnügt wird nicht diefe Ehe feyn! Wie
freudig können Sie nicht ihr Vatterland, ihr
Obernzenn, ja die ganze vornehme Freund,
fchaft verlaffen, da Sie fehen, GOtt winket Jh,
nen weg. GOtt winket Jhnen an den Ort, wel,
chen er fchon lange, fchon von Ewigkeit zu Dero
Aufenthalt beftimmet hat — GOtt ift es, wel,

F   cher

cher Ihnen diesen Liebesbefehl giebet : Gehe aus deinem Vatterland, und von deiner Freundschaft und aus deines Vattershause, in ein Land, das ich dir zeige. 1. Mos. 12. v. 1. Und ich weiß, ganz Obernzenn wird Ihnen mit heissen Seegens-Wünschen begleiten, und ich vereinige meine Wünsche damit — Gehen diese Wünsche in Erfüllung: so wird sich darüber Niemand mehr freuen, als ich. Denn auch in der Ferne werde ich nicht aufhören, mit größter Verehrung zu seyn,

Eurer Hochfreiherrlichen Gnaden

MarkErlebach
am 5 Dec. 1778.

unterthäniger Diener
Samuel Wilhelm Oetter.

Beylagen.

Num. I.

Copia von dem Hochfreyherrlich Riedeselischen Erbvertrag

de Anno 1586.

Im Namen der heiligen Dreyfaltigkeit des einigen ewigen GOttes des Vatters, des Sohnes und des Heiligen Geistes Amen.

Kund und zu wissen sey männiglich: nachdem Wir Georg und Conrad — Gebrüdere, sodann Wir Johann und Volprecht auch Gebrüdere, alle Riedesel zu Eysenbach, Erb-Marschalle zu Hessen betracht und zu Gemüthe geführet: Welchergestalt der Brüder und Blutsverwandten Einigkeit GOtt und aller Welt gefällig, und nichts so gering seye, das nechst des Allerhöchsten Segen, durch Einigkeit nicht erhalten und gemehret, aber hinwiederum alles und insonderheit die Adelichen Geschlechter durch Uneinigkeit in Verderben gesezt werden, solche der Adelichen Geschlechter und Stamm Un-

einig-

einigkeit aber, wie die tägliche Erfahrung bezeiget,
oft und vielmals daraußer entstehen, wann die
Weibsbilder und diejenige, so von denselben herkommen, gleich denen Manns-Personen und Agnaten in DERO Adelichen Geschlechter liegenden Erb-
und Stamms-Gütern einer Succeßion und Erbschafft sich anmaßen, dardurch die Geschlechter
in Haß, Neid, Zank und Haber gegen einander
erwachsen, und wann die Güter von Ihrem
Stamm in ein ander Geschlecht zum Theil gebracht, die Geschlechter und Stämm alsdann
noch weiter miteinander verwirret, und in im-
merwährenden Unwillen gegen einander gesezt,
also, daß aus Zerreißung der Adelichen Güter
in frembde und unterschiedene Geschlecht vieler
Adelichen Stamm und Geschlechter Untergang
verursacht werden.

Ob es nun wohl in Unserem der Riedesel zu
Eyßenbach Stamm und Geschlecht also löblich
Herkommen und jederzeit gehalten worden, daß
nicht allein die Lehen, so Wir von unterschiedenen
Churfürsten, Fürsten und Herrn haben und tragen, sondern auch Unsere liegende und Erbeigene
Güter, bey dem Mann-Stamm allwege verblieben, und den Töchtern von Unserem Stamm gebohren und Deroselben Kinder, in gemelten Unseren Riedeselischen Lehen und Erb-Gütern, nie
keine Erbschafft oder Succeßion gestattet, sondern sie die Töchter und Deroselben Kinder und
Erbnehmen davon jederzeit durch den Mann-
Stamm ausgeschlossen, und mit Geld an statt
ihres

ihres Heyraths-Guts, auch Geschmuck, Kleider
und Kleinodien außgesteuret, und allerdings abgefertigt worden, Derohalben auch Unsere liebe
Eltern seeliger Gedächtnus, hiebevor und fürters
Wir uns insonderheit, verglichen, und einander
vor sich, Ihre und Unsere Erben, Erbnehmen
und Nachkommen, versprochen und zugesagt haben, solches Unseres Stamms Herkommen steiff,
fest und ohnverbrochen zu halten. Welches Wir
dann also nochmals zu thun festiglich gemeinet,
auch Uns zu Unsern Erben, Erbnehmen und
Nachkommen gänzlich versehen, Sie werden solche dem gerechten Willen GOttes, welcher in
seinem Auserwählten Volk einem jeden Stamm
und Geschlecht, seine Güter zugeordnet, und Dieselbe durch Heyrath- oder sonst in frembde Geschlechter oder Stämmen zu bringen verbotten,
auch dieser Land Adelichen Gewohnheit gemäß
herkommen, und zu Erhaltung Unsers Manns-
Stamms höchstnöthige Vergleichung ohnverruckt
und steiff halten, und Deroselbigen ohnverweiger-
lich nachkommen.

Gleichwohl aber, und damit Sie Unsere Erben, Erbnehmen und Nachkommen Derowegen
Unsern ernsten Willen und Meynung um so viel
mehr sehen, und sich bestoweniger von angereg-
tem Unsers Stamms Herkommen und Vergleichung in einige Wege als Dieselbe immer erdacht
werden könten, abführen lassen, so haben Wir
solche Unsere vorige Vergleichung hiemit erneu-
ren, und Uns nochmals vereinigen wollen, dar-

F 3 auf

auf Wir auch mit zeitigem vorgehabtem Rath
und wohlbedachtem Muth, ganz freywillig, mit
keiner Gefehrde noch Zwang hintergangen, son=
dern aus oberzehlten Ursachen, mit wahrer rech=
ter Brüderlicher — und Vetterlicher Einigkeit,
Lieb und Treu, damit Wir einander je und alle=
wege herzlich gemeinet haben, und noch, Uns
nachfolgender Erbvereinigung — Statuts und Ord=
nung vor uns und alle unsere Erben, Erbneh=
men und Nachkommen, mit einander verglichen,
und thun dasselbe hiemit in der allerbeständigsten
Form, solches von Rechts und Gewohnheits we=
gen immer beschehen kan, soll oder mag, dero=
gestalt und also: daß Wir Unsere Erben, Erb=
nehmen und Nachkommen einander auch fürbaß,
mit rechter wahrer Brüderlichen und Vetterli=
chen Liebe und Treue meynen, und je einer des
andern Leib, Ehr und Gut, demselben zum be=
sten, gleich dem seinen, Ihme angelegen und befohlen
seyn lassen, auch einander in allen vorfallenden
Sachen, Anliegen und Nöthen, nach Unserm be=
sten Verstand und Vermögen, mit Hülff, Rath und
That erscheinen, und insonderheit dahin sehen,
mit Fleiß anwenden sollen und wollen, damit zu=
forderist bey Uns, und Ihnen Unsern Nachkom=
men die Erkantnus und Bekantnus des ewigen
und einigen GOttes, des Vatters, Sohns und
Heiligen Geistes, und desselben allerheiligsten
Worts, auch Adeliche Ehr und Tugend, und
darnechst Unser Nahm und Mann Stamm er=
halten und fortgepflanzet werden, auch die Güter
bey demselben Mann Stamm allewege ohnver=
ruckt bleiben mögen.   „Und

„Und nachdem Unsere Voreltern, und Wir
„nachfolgende Häuser und Güter, so theils von
„unterschiedenen Churfürsten, Fürsten und Herrn
„Lehenrührig, theils aber Erbeigen seynd, biß
„anhero ingehabt haben, und noch; Als nem=
„lich, das Schloß Eyssenbach samt seinen Bäuen,
„Aeckern, Wiesen, Wassern, Wäldern, Fel=
„dern, und allen Ein= und Zugehörungen, die
„Vogtey und Zenth Lauternbach, mit denen
„darinn gelegenen und dazu gehörigen Dörffern,
„als der Werth zu Lautternbach, und nachfolgen=
„de Dörffer, Mahra, Angersbach, Wallen=
„robt, Reutters, Hebloß, Rimbloß, Sachsen,
„und Rudolphshalb, die Mühlen zur Stein und
„Hellgemeß, auch Wernges, und was Wir da=
„selbst von Milchlingen und Fischborn an Uns er=
„kaufft haben. Item das Gericht Engelurod, und
„Hopmansfeldt, Hörgenau, Rebgenshain, Lanzen=
„hain, Euchelnhain, Eichenrodt, Dierlammen, Al=
„menrodt, Fischborn, Blizenrodt und Sickendorf.
„Item die Hermannsburgk zu Stockhausen, mit ih=
„ren Bäuen, Aeckern, Wiesen, und allen Zugehö=
„rungen, auch das Gericht Stockhausen mit de=
„nen darinn gelegenen und darzu gehörigen Dörf=
„fern, Stockhausen, Rixfeldt, Schadtges = und
„Rudolphshalb. Item das Dorf und Gericht
„Landenhausen. Item das Gericht Alten Schlirff
„mit seinen zugehörigen, und darinn gelegenen
„Dörffern, Alten Schlirff, Schlechtemoegen,
„Vaißhain, Nufters, Weitmaß, Banrobt,
„Heisters, Zahmen, Steinfurth, Windischen
„Moyß, und Unser Antheil und Gerechtigkeit

„am

„am Dorf Heintzel, auch dem Hof zu Alberts,
„Item die Narburg, samt dem Gericht Moiß,
„und darinn gelegeuen — und darzu gehörigen
„Dörffern, Obern- und Niedern-Moiß, Gun-
„zenaw, Meßloß und Maßelngehaw, Item das
„Gericht Freyensteinaw, mit denen darinn gele-
„genen und darzu gehörigen Dörffern, Freyen-
„steinaw, Haußwurz, Salza, Fleschenbach,
„Radtmühle, Holzmühle, Newenstall, und
„Rebsters, Item das Dorf und Gericht Salz-
„schlirff zu Unserem Antheil und Gerechtigkeit;
„Item das Dorf Obern-Ohmen, und die darinn
„gelegene- und darzu gehörige Dorf, Obern-Oh-
„men, Rüberterodt, grossen und kleinen Eychen,
„Zeilbach, uud Seiberterodt, zu Unseren An-
„theilen und Gerechtigkeiten; Item die Ludwigs-
„Ecken mit ihren Bäuen, Aeckern, Wiesen,
„und allen Zugehörungen, und die Dörffer Bein-
„hausen, Ober- und Nieder-Thalhausen, Gerten-
„robt, und Trumbsbach, Dersrodt und Hanrodt,
„auch Mundershauffen und Bernshauffen; Item
„alle vorgerührter Unserer Zenth Gericht, und
„Dörfer zugehörige, wie auch alle andere Unsere son-
„derbare Wüstungen, wo die gelegen, auch alle und
„jede zuvor erzehlten Unseren Schlössern, Häu-
„seru, Zenthen, Gerichten, und Dörffern gehörige
„Hoch-und Obrigkeit Gebot, Verbot, Peinliche und
„Bürgerliche Gericht, Recht, Wälde, Felde,
„Jagde, Wildbahn, Fischerey, Dienst, Dienst-
„Geld, Beede, Zehende, Renthe; Zinse, Schen-
„cke, und Schenckstätte, Teiche, Mühlen, Mühl-
„stätte, und alle andere Herrlich- Nutzbar- und
„Ge-

„Gerechtigkeit, wie die erfunden, erdacht und ge-
„nannt werden mögen, zumahl, nichts darvon
„abs noch ausgescheiden. Item unser Burgsiz,
„zu Rotenberg mit seiner Freyheit, zugehörigen
„Aeckern, Wiesen, Schäfereyen, und allen an-
„dern Recht und Gerechtigkeiten, allen Zinsen,
„Renthen und Gefällen daselbst, auch unseren
„Höfen und Gefällen zu Ostheim, Lutersdorff,
„Sterckelshausen, Confeld und Elnbach, wie
„dann auch der Hof daselbst zu Elnbach, welchen
„Wir vergangener Jahren von Georgen zu Bi-
„schoffenrodt an uns bracht; Item Unsere beede
„Burg-Siz zu Melsungen, mit Ihren Freyhei-
„ten, zugehörigen Aeckern, Wiesen, Gehölzen,
„Schäfereyen, auch allen andern zugehörigen,
„Rechten und Gerechtigkeiten, auch das Dorff
„Rohrnfurth mit seiner Zugehörung, und unse-
„re Waffere auf der Fulda, auch alle unsere Hö-
„fe, Zehenden und Gefälle zu Gudenspergk, Nie-
„der-Mellerich, Maden, Melgershauffen, Malß-
„feld, Fahr, Binßforth, Geusingen, Curle,
„Dabelshauffen, Merckell, Wogenfurth, Or-
„hauffen, Hilgershauffen, und Loher, samt al-
„lem anderen, was Unsere Vögte zu Melsun-
„gen, von unsertwegen bißhero erhaben, und
„auch fürters verrechnet haben, Item Unsere
„Burg-Siz, Güter und Gerechtigkeit zu Alten-
„burg bey Alßfeld, auch unser Manngeld zu
„Grunberg und Kurdorff, Item Unsere Burg-
„Siß, Höf und Güter zu Lautterbach, Item
„Unsere Höfe, Güter, Mühlen, Zinß und Ge-
„fälle, zu Mueß, Herbstein, Braunschwenda,

F 5   „Rein-

„Reinrodt und Renßendorf, Badenrodt, Crain=
„feld, Ilbeshauffen, Grebenhain, Item die
„Höfe Güter und Gefälle, welche Unsere Vor=
„fahren, Weyland, Johann und Antoni Ortten
„gewesenen Bürgern zu Marburg seeligen, ver=
„pfändet, Item alle Geistliche und Weltliche
„Lehen und Güter, so von Unserem Stamm zu
„Lehen rühren, und anderen verliehen seynd, über
„welches alles Unsere Vor=Eltern Riedesel zu
„Eysenbach, und Wir insonderheit Unsere Pfand=
„schafft an Lautterbach über aller Menschen Ge=
„denken ingehabt haben, und noch.„,

So sezen, ordnen und wollen Wir, daß alle
und jede nechst erzehlte Unsere Schlösser, Häu=
ser, Zenthen, Gericht, Vogteyen, Dörffer,
Burg=Siß, Höfe, Zehenden, Gärten, Aecker,
Wiesen, Gülte, Zinnß, Renthe, und andere
Güter und Gefälle, und alles, so Wir im Be=
zirck bemeldter Schlösser, Stadt, Zenth, Ge=
richt, Dörffer und deroselben Feld=Marck jeßi=
ger Zeit haben, oder Wir, oder Unsere Erben,
oder Erbnehmen, hinkünfftiglich bekommen mö=
gen, es geschehe durch waserley Gestalt und Ti=
tul solches wolle, samt allen und jeden darzu ge=
hörigen Hohen — Mittel und Niedern Peinl. und
und Bürgerlichen Obrigkeiten, Gebotten, Ver=
botten, Gericht, Recht, Wäldern, Wildbah=
nen, Jagden, Fischereyen, Diensten, Dienst=
Geld, Beed, Schenck, und Schenckstätten, Müh=
len und Mühlstätten, und anderen Hoch=Herr=
lich=Nuzbar= und Gerechtigkeiten, wie dieselbe
immer

immer erfunden werden mögen, nichts zumal
außgenommen, wie auch die von Uns und Unſe⸗
rem Stamm herrührende⸗ und anderen außgelie⸗
hene Lehen, und Unſere an Lautterbach habende
Pfands⸗Gerechtigkeit, ſamt denen über ſolches
alles ſagenden brieflichen Urkunden, bey Unſe⸗
rem Mann Stamm der Riedeſel zu Eyßenbach,
ſo lang Derſelbe im Leben ſeyn wird, ewiglich
bleiben, und gemeltem Unſerem Mann Stamm
conſecrirt und zugeeignet ſeyn, auch nichts da⸗
von an ein Weibsbild, noch frembdes Geſchlecht,
durch Erbſchafft, lezte Willen, Uebergab, Con⸗
tract, oder andere Wege, wie Menſchen⸗Sinn
dieſelbe erdenken mögte, auſſerhalb hierunter ge⸗
melter Fälle, kommen, noch gebracht werden ſol⸗
le; Sondern woferu Unſer einer, oder Wir al⸗
leſamt, über kurz oder lang Todes verfahren,
und Eheliche Manns Leibs⸗Erben hinterlaſſen
würden, ſo ſollen einem jeden die von ſeinem Leib
gebohrne Manns⸗Erben und fürters demſelben;
ihre Eheliche Manns⸗Leibs⸗Erben in abſteigen⸗
der Linien, ſo lang Dieſelbe wehret, in bemelteu
Unſeren liegenden Gütern ſuccediren, und alle
und jebe oberzehlte Unſere Häuſer und Güter
ſamt denen darüber ſagenden brieflichen Urkuu⸗
den, auch dasjenige, was Wir oder Unſere
Manns⸗Erben, hinkünfftig, in obberührten
Schlöſſern, Stadt, Zenthen, Gerichten, Dörf⸗
fern, und deſſen alles Bezirck und Marckungen,
Lehen und eigenen Gütern, bauen, beſſern, und
durch Contract, Erbſchafft, oder ſonſt vou fremb⸗
den darzu bringen mögen, nichts zumal darvon
aus⸗

ausgenommen, haben, und erblich behalten, und
im Fall Unſer oder Unſerer Manns-Erben Einer oder mehr keine eheliche Manns-Leibs-Erben, hinterlaſſen, oder die hinterlaſſene, ſonder
Eheliche Manns-Leibs-Erben fürters über kurz
oder über lang verſterben würden, alsdann, und
ſo offt ſich der Fall begebe, und zutrüge, ſo ſoll
jedesmal Unſer, und jezo gemelter Manns-Leibs-
Erben Antheil an berührten Unſeren und Unſerer Manns-Erben Häuſſern und Gütern, ſamt
darüber ſagenden brieflichen Urkunden, auf deſſen ohne Eheliche Manns-Leibs-Erben verſtorbenen Bruder, oder nechſte Agnaten, oder
Schwerdtmag, gebohrne Riedeſel zu Eyßeubäch,
und Deroſelben eheliche Manns-Leibs-Erben,
in abſteigender Linien, ſo lang Dieſelbe Linie wäh-
ret, und da Dieſelbe Linien gar ausgeſtorben,
alsdann auf die andere Linie kommen und fallen,
und in allen ſolchen Fällen, ſoll des verſtorbenen
nechſter Ehelicher Manns-Erbe, gebohrner Riedeſel zu Eyßenbach des verſtorbenen Theil an
mehr angezogenen Häuſſern und Gütern, ſie
ſeyen Lehen oder Leibeigen, desgleichen die Pfand-
Gerechtigkeit an Lautterbach, ſelbſt innehmen,
nuzen, nieſſen, gebrauchen, und daran durch niemand, inſonderheit aber die Töchter, und andere Weibsbilder, und Dero Töchter Erben, Manu-
lichs und Weiblichs Geſchlecht (mit welchen es
ihrer Ausſteuer, Abfertigung, und Succeſſion
halben als hernacher unterſchiedlich geſezt wird,
gehalten werden ſoll) desgleichen auch des verſtorbenen Teſtaments-Erben in keinem Wege gehin-
dert.

bert, sondern jezt gemelte Töchter, und Derosel=
ben Erben, so von dem verstorbenen in seinem
Testament oder lezten Willen sonst ernannt seyn
möchten, nicht allein von angezogenen liegenden
Gütern, sondern auch derselbigen Posseßion hier=
mit ausgeschlossen, excludirt, und derselben al=
lerdings unfähig seyn, und solche Posseßion der
oberzehlten Häußer und anderer Güter, samt
darüber aufgerichten brieflichen Urkunden, von
Uns auf Unsere Manns=Leibs=Erben gebohrne
Riedesel zu Eysenbach, jedesmal ipso jure, son=
der alle vorgehende würckliche Apprehension,
continuirt, auch im Fall die Töchter, und De=
roselben, oder Testaments=Erben, hierüber von
angeregten Häußern oder Gütern etwas an sich
bringen, oder einbekommen würden, nicht allein
der Eigenthum, sondern auch zuforderst die Pos=
seßion des Guts, sonder alle Einrede des Ver=
storbenen nechsten, von Uns und Unsern Nach=
kommen gebohrnen Manns=Erben, wie vorste=
het, restituiret, und der Manns=Erb in solche
Posseßion, die Wir einander, und Unsern
Manns=Leibs=Erben in obberührten Unseren und
Ihren der Erben gegenwärtigen und künfftigen
hie obbeschriebenen Häußern und Gütern, jezt
alsdann und dann als jezt geben, und je einer dem
andern, und desselben Erben, in seiner und sei=
ner Manns=Leibs=Erben Gütern zum Posses-
sorn constituirt, vor allen andern Dingen re-
dintegirt, oder eingesezt und immittiret werden.
Und wann schon hierüber von den Töchtern, oder
andern gemeinen Land=Erben, oder auch Testa=
ments=

ments-Erben, dasjenige, was an oder im Bezirck
Unserer hier oben erzehlten Schlössern, Städten,
Zenthen, Gerichten, Dörffern, und Dorff Marckungen gelegen, oder sonsten hierin mit begriffen, daß es in die Lehenschafft oder diese Erb-Einigung gehörig, und dem Mann-Stamm allein
zuständig sey, verneinet, und dahero, oder auch
von wegen der Gebäu, oder anders die Possef-
sion deren in den Lehenrührigen, auch oberzehlten Erbeigenen Häussern, Städten, Zenthen,
Gerichten, Dörffern, und Dorf-Marckungen gelegenen Gütern, gestritten werden wolte, sollen
doch gleichwohl die Töchter, gemeine Lands- oder
Testaments-Erben, von wegen solcher und dergleichen Ursachen, welche Ihnen sonst aus den
gemeinen Rechten zu Guten kommen mögten,
bey der Possession in Recht nicht gelassen, viel-
weniger darin gesezt, sondern dasselbe vielmehr
in den Manns Erben statt haben, und von Ihnen kein Bau-Recht, Besserung, oder anders,
an oder zu solchen Gütern, von dato dieser Unser Erb-Einigung und Statuts gewendet und gebracht, den Töchtern, Lands- oder Testaments-
Erben, erstattet oder gefolgt, sondern es soll mit
dem was hinkünftig durch Bau, Kauff, oder in
andere Wege daran gebessert, oder darzu gebracht wird, auch dessen alles Possession inmaß-
sen jezo, und hieroben allbereits den Manns-Erben zu Gutem gesezt ist, auch hernacher weiter
gesezt wird, gehalten werden.

Wir die Gebrüdere und Vettere, alle Riebesel zu Eyßenbach obgenannt, haben auch, in
Krafft

Krafft dieser Unser Erb-Einigung und Statuts, nicht allein je einer dem andern, vor sich und seine Erben, Erbnehmen und Nachkommen sein Antheil an obberührten Unsern Häussern und Gütern, samt darüber sagenden brieflichen Urkunden, übergeben, donirt und geschencket, und thun dasselbe hiermit in der besten Form, als eine unwiederrufliche Uebergab und reciproca donatio zwischen den lebendigen kan, soll oder mag von Rechts oder Gewohnheitwegen beschehen, derogestalt und also, daß je einer des andern Theil, wann sich obberührte Fälle zutragen werden, wie vorstehet, als sein frey eigen geschencktes Gut, haben und darmit Thun und Lassen soll, sondern es soll und mag auch fürbaß Unser keiner, oder dessen Erben hinführo zu ewigen Zeiten, nichts von obberührten Gütern, weiter oder anders, dann in etzlichen sonderbaren Fällen, wie hiernach gesezt wird, beschweren, verpfänden, versezen, verschencken, noch sonsten durch einigen Contract, Testament, oder anderen lezten Willen, noch auch einig andere Wege, wie Dieselbe immer von Rechts oder Gewohnheit wegen, erdacht werden mögen, verdusern. Wofern dann Unser oder Unserer Manns-Leibs-Erben, einer oder mehr Gelds bedürffen würden, und dasselbe ohne Verschreibung obberührter Güter nicht aufbringen mögte, der, oder diejeuige, sofern sie den vierten Theil, an solchen Gütern hätten, so mögen sie darauf in allem zehen tausend Gülden, Franckfurter Wehrung, auch mehr oder weniger, pro rata, so fern sie mehr oder weniger an den

Gü-

Gütern hätten, borgen, und die Güter darfür ver=
schreiben, darüber auch keiner sein Theil Güter,
höher beschweren, oder verschreiben soll, gleich=
wohl aber, und wann einer dessen Antheil Güter,
vor nechst gemelte Summe verhafftet, weiter
Gelds benöthigt wäre, und die andere die Güter
darfür zu verschreiben nicht willigen wolten, dar=
um sollen beyde Theil sich durch die Freunde,
nach Ausweissung hierunten gesezten Austrags,
ohne alle Weitläufftigkeit, entscheiden lassen, ob
und welcher Gestalt einer oder der ander in zu=
tragenden — aus kuublichen und reblicheu Ursachen
entstandenen oder sonst verursachteu Nothfällen,
nach ziemlichen Dingen, etwas von den Gütern
über vorberührte — einem jeden zugelassene Sum=
me verpfänden, oder verschreiben möge, und
dasselbe wieder abgelegt werden solle, doch, daß
nichts von den Gütern jemands, der höhers Stand
seye, verschrieben, noch verpfändet werde. Was
aber anderst, oder über das, wie gemelt, vo=
genommen, und auf die Güter geborget, oder
verschrieben, oder von geinelten Gütern veräus=
sert würde, das soll an sich selbst ipso jure nich=
tig, krafftloß und unbündig, auch ben andern an
vorbeschriebenen ihren Rechten ohnnachtheilig
und ohnschädlich seyn und bleiben, sondern dessen
ohnerachtet mit den Gütern, als vor und nach=
geschrieben stehet, allenthalben gehalten werden.

Derohalben und uf den Fall, da Wir oder
Unserer Ehelichen Manns=Leibs=Erben, einer
oder mehr, ohne Hinterlassung Ehelicher Manns=
Leibs=

Leibs-Erben, versterben, und Schulden verlassen würde, so sollen die Agnaten, und Stamms-
Folger, mit Bezahlung solcher Schulden ferner
oder weiter gar nicht (ausgenommen was obberührte Summe der zehen tausend Gulden, uf
den vierten Theil, auch mehr oder weniger pro
rata; welchen einer an den Gütern hätte, zu rechnen, und was darüber durch die Agnaten oder
Stamms-Folger vor sich selbst, oder auf der
Freunde Erkantnus bewilligt wäre belangt) zu
schaffen haben, auch darum von wegen deren uf
sie von dem verstorbenen gefallenen Güter von
niemand in keinerley Weise beschweret, sondern
es sollen dieselben Schulden durch des verstorbenen Lands- oder Testaments-Erben abgestattet
werden.

Doch wollen Wir Uns hiermit aus und zuvor behalten haben, was Unsere der vier Gebrüder und Vetter, Eltern, nämlich, Vatter und
Mutter seelige, dann auch unser Vetter Adolph
Hermann seeliger, und Wir selbsten in oban-
geregtem Bezirck Unserer dem Mann-Stamm
zugeeigneter Güter, an sonderbaren Stücken, als
Aeckern, Wiesen, Gärten, Mühlen und dergleichen, so nicht der Obrigkeit anhangende Stücke
seynd, hiebevor an Uns gebracht haben, daß Wir
und Unsere Manns-Erben, mit denselben Stücken Unsers Gefallens zu schalten und zu walten
haben wollen, dergestalt und also, daß Wir sie
nicht allein, als obgesezt ist, verschreiben und
verpfänden, sondern auch Dieselben so wohl, als

G   was

was Wir ober Unsere Manns-Erben hinkünfftig
zu solchen den Manns-Stamm zugeeigneten Gütern bringen werden, nach Unser und Unserer
Manns-Erben Gelegenheit, verkauffen, vertau-
schen, verschencken, auch derhalben solche künfftige Güter, ohnersucht der andern verschreiben, und
verpfänden mögen, doch daß bemelte Güter, an niemand höhers, noch Uns gleichmäßiges Stands,
ohne der andern Un er Mann Leibs-Erben aus-
drückliche Bewilligung, verwendet, noch demselben Manns-Erben zu Gefährte oder Nachtheil
einige Veräusserung vorgenommen werde, daß
auch ihnen, wie sich an ihm selber von Rechts-
wegen gebühret, der Näherkauff bevorstehe, und
man also von angeregten Unseren und Unserer
Manns-Erben jezigen auch zukünfftigen sonderbaren Stücken und Gütern etwas verwendt, soll
dasjenige, so dargegen ertauscht, oder erkaufft
wird, Unseren Manns-Erben verbleiben, und
damit in allem, gleich als vor und nach von andern Unserm Mann-Stamm. Krafft dieser Unser Einigung und Statuts zugeeigneten, erkaufften, und andern Gütern gesezt ist, auch gehalten
werden. Was aber von dem, so Wir und Unsere Eltern, auch Unser Vetter Adolph Hermann seeliger, wie vorgehört, allbereit zu den
Gütern gebracht haben, wiederum verkaufft oder
verschenckt würde, desselben Werth soll den Töchtern, oder andern Land-Erben uf den Fall keine
Manns-Erben vorhanden, von den succediren-
den Manns-Erben an dem Geld, welches den
Töchtern, oder andern Land-Erben, uf solche

Fälle

Fälle hieunten zugeordnet, durch die Manns-Er,
ben abgezogen werden.

Und nachdem Wir jezo, die drey obbesagte
Häuser, Eyssenbach, Ludwigseck — und Her,
mannsburgk, und zu Eyssenbach, zwey Ansiz
samt dem Hauß zu Lauterbach haben, und aber
die Erfahrung in tiesem und andern Lauben ge,
genugsam zu erkennen geben, was massen die
Adelichen Geschlechter, da sie also mit vielen un,
terschieblichen Adelichen Sizen ihre Güter über,
baut, darburch in Unvermögen und andere Be,
schwerung gerathen, hingegen aber, wann einer
dem andern gewichen, und in andere Lande sich
begeben, beyde Inn, und Ausländische sich dabey
wohl befunden; So haben Wir uns ferner mit
einander verglichen, daß keiner unter Uns, oder
Unsern Manns-Erben, in obgemelten Unsern
Zenthen, Gerichten, Dörffern, Obrigkeiten und
Gebieth, kein ferner oder neuer Ansiz, ohne der
andern sämtlichen Bewilligung, anrichten solle.
Im Fall aber etwa Unsere Manns-Erben einer
oder mehr, fernere Wohnung anzurichten ihre
Nothdurst erachten würden, soll dasselbe, doch
anderer Gestalt nicht, dann auf Erkanntnuß der
Freunde, vorgenommen werden, gleichwohl aber
hiermit, Uns und Unsern Manns-Erben unbe,
nommen seyn, Unsern und Ihren Haußfrauen
nothdürfftige Wittums-Siz, in Unser Obrigkeit,
mit der andern Rath und Bewilligung anzurichten.

Wir wollen auch, daß Unsere Söhne und
Manns-Erben einen allgemeinen Brief-Kasten

ha,

haben, und in guter Verwahrung halten, auch
darinnen alle über obbeschriebene Unserm Manns
Stamm zugeeignete Häuser und Güter sagende
briefliche Urkunden reponiren, darzu jedes Theil
einen Schlüssel haben soll, aber unser und Unserer Manns-Erben Töchter, und andere Land
und Testaments-Erben, sollen von solchen Ka-
sten und Briefen, auch Deroselben Possession und
Besichtigung, ausserhalb denjenigen, welche über
die Güter sagen, so von Uns oder Unseren Manns-
Erben zu mehr angezogenen Schlössern, Städten, Zenthen, Gericht, Dörffern, oder in Dero
Gemarckung und Zugehörungen, nach dato dieser
Unser Erb-Einigung und Statuts gebracht werden mögen, mit welchen Briefen es, wie hernach
insonderheit gesezt wird, gehalten werden soll,
gleichwie von den Gütern selbst ausgeschlossen seyn.

Nachdeme auch die Töchter zu Erhaltung
des Manns-Stamms deromassen von berührten
Gütern, in Krafft dieser Einigung, wie auch
sonst, von Adelichen Gebrauchs dieser Lande, und
insonderheit Unsers Stamms alten Herkommens-
wegen ausgeschlossen seynd; So sollen hinwiederum
Unsere Manns-Erben dahin mit Fleiß sehen und
trachten, damit die Töchter von Uns, oder Unsern Manns-Erben gebohren, Ehrlich verheurathet, und an solche Orte, da sie Unseren Stamm
und Standgemäß, als wann Sie in Ihren El-
terlichen Gütern blieben wären, oder sonst ihren
gebührlichen und ehrlichen Unterhalt haben, gebracht werden. Und wofern den Töchtern ihre
Aus-

Außsteuer von ihren Eltern nicht gegeben, oder
verordnet wäre, so soll Ihnen Dieselbe von ihren
Brüdern, nach ziemlichen Dingen an Heuraths-
Geld, Kleidern, Geschmuck, und sonst, wie daß-
selbe in Unserem Stamm Herkommen und gebräuchlich ist, entrichtet und vergnügt, und wenn
die Töchter keinen Bruder hätten, alsdann soll
es mit der Abfertigung dermassen, als unterschieblich hernach stehet, gehalten werden. Darzu sollen gemelte Unsere Manns-Erben den Töchtern zu Deroselben Ehren-Tag und sonsten, sie
werden verheurathet, oder nicht, in Ehren alle-
zeit gutwillig dienen, ihnen auch alle Brüderliche
und vätterliche Liebe, Ehr und Treu beweisen,
und in ihren Anliegen und Nöthen sie nicht verlassen, sondern ihnen mit Rath und That nach
Möglichkeit behülflich seyn.

So viel aber andere Unsere und Unserer Erben
gegenwärtige und künfftige bewegliche —und unbe-
wegliche Güter, es seye gleich Pfandschafft, Baar-
schafft, oder Erbe anlangt, welche unter demjenigen,
so hieroben Unserem Mann-Stamm zugeeignet
und consecriret seynd, nicht begriffen, damit wollen
Wir Uns und Unsern Manns-Erben, wie recht
und gewöhnlich ist zu schalten und zu walten, auch
ein Testament, oder andern lezten Willen, so den
Rechten oder Gewohnheit gemäß seyen, darüber
aufzurichten, zuvor behalten haben. Und wann
kein Pact, Testament, oder lezter Wille über
solche Güter aufgerichtet, und Wir, oder Unsere
Manns-Erben Tods verfahren würden, alsdann

G 3

soll

soll es mit der Succession in sonsten in denselben
Gütern wie Recht und Gewohnheit ist gehalten
werden, indem dann Unsere Manns-Stamms Erben, daß Sie obangezogene Unsere Stamms-Gü-
ter zuvor ausziehen und nehmen, nichts hindern,
sondern sie nichts destoweniger mit den Töchtern
und Laub-Erben, da sie in gleichem Grad und
Rechten mit denselbigen stehen, auch zugleich succediren und erben sollen.

Sintemahl aber biß anhero in Unserem Dero Riedesel zu Eyßenbach, Stamm, und sonst
gemeiniglich bey andern Adelichen Geschlechtern,
in diesen Landen gebräuchlich gewesen, und noch,
daß die Schwestern beneben ihren Brüdern, nicht
allein in Lehen-Stamm, und Erbeigenen, sondern auch in Pfandschaften, Baarschaften und
andern beweglichen Gütern, ihren Eltern nicht
succediret haben, sondern auch davon durch ihre
Brüder ausgeschlossen, und mit ihrem Heuraths-
Gut, Kleidern und Geschmuck, oder was ihnen
sonst vor ihr natürlich Recht oder Pflicht-Theil,
und zu ihrem Adelichen Unterhalt, von den Eltern oder Brüdern, nach Gelegenheit zugeordnet
worden, sich begnügen lassen, und, wann es be-
gehrt, uf das übrige, den Brüdern und Manns-
Stamm zu Guten, Verzicht gethan haben. So
wollen Wir von solchem Brauch und Adelichem
Herkommen hiermit gar nicht gewichen, noch
demselben præjudicirt, sondern vielmehr Unsern
und Unserer Manns Leibs-Erben Töchtern, daß
sie sich demselben nochmals gemäß erzeigen, befohlen und uferlegt haben.

Und

Und da sich der Fall nach des Allmächtigen
Willen also zutragen, daß unter Uns obgedachten
Brüdern, und Vettern einer, sonder Leibs-Er-
ben, mit Todt abgehen würde, so soll nicht allein
desselben Antheil an oberzehlten Unsern Mann-
Stamm zugeeigneten Häussern und Gütern, auch
Lauterbachischen Pfand-Gerechtigkeit, in Krafft
dieser Erb-Einigung und Statuts, sonder wofern
er kein Testament, noch sondern lezteren Willen
hinterlassen, auch alle übrige seine Pfand- und
Baarschafften, und andere bewegliche Güter,
Recht und Gerechtigkeiten, uf sein des verstorbenen Bruder, als Erben kommen und fallen.
Wird aber einer unter Uns vieren mit Todt abgehen, und keine Söhne — sondern allein Töchter, nach sich verlassen, so soll des verstorbenen
Bruder, oder Bruders Manns-Leibs-Erbe, so
die Töchter von obberührten liegenden Gütern
außschliessen, des verstorbenen Töchtern zehen
Tausend Gulden Frankfurter Wehrung erlegen,
und ihnen darzu das Geld, was der Verstorbene, nach dato dieser Erb-Einigung, an den Gütern, so der Agnat vermög solcher Einigung be-
kommt, von neuem erbauet, oder an Kauff gewendet, desgleichen den Werth dessen, was er
durch Erbschafft oder sonst an sich von frembden
darzu gebracht hätte, gleichergestalt wiederum erstatten, und wann Unser der Gebrüder, Georg
und Conraden, oder Johann und Volprechten eine Linie sonder Manns-Leibs-Erben außsterben,
und oberzelte Häusser und Güter, uf die über-
bleibende Linien, wie vorstehet, kommen und fal-

G 4   len

len würden, alsdann soll dieselbe Linie der ausgestorbenen Linien nachgelassenen Töchtern, oder
andern Land-Erben, zwanzig tausend Gulden,
Frankfurter Wehrung, samt dem Geld was nach
dato dieses Briefs, durch die verstorbene Linien
an neue Gebäue — oder Erkauffung neuer Güter gewendet, desgleichen der Werth, dessen so
durch Erbschafft oder sonsten an die ausgestorbene
Linien, von Frembden kommen wäre, wiederum
erstattet werden. Dieweil auch unser Vetter
Adolph Hermann Riedesel seeliger den dritten
Theil an oberzehlten Riedeselischen Häussern und
Gütern gehabt, und die Hermansburgk zu Stock-
haussen von neuem erbauet, auch Güter darzu erkaufft, derhalben Wir in Krafft dessen mit ihme
Adolph Hermann zu Marpurgk im Jahr Ein
Tausend Fünf Hundert siebenzig und drey getroffenen Vertrags seiner Tochter, Fünf und Drey-
sig Tausend Gulden Frankfurter Wehrung, theils
hinausgegeben, auch zum Theil nach Ausweisung
der getroffenen Vergleichung hiernächst auszuge-
ben haben, damit sie vor sein Adolph Hermans
Antheil, und darauf von neuem erbaueten Hauß
und erkaufften Gütern abgefertiget worden. Da
sich dann vorerzehlter Fällen einer zutragen,
daß unter Uns den vier Gebrüdern einer oder Unser der beyden obgenannten Stämm und Linien
einer aussterben würde, so sollen Deroselben ausgestorbenen Linien nachgelassenen Töchtern, oder
andern Land-Erben, von Uns und Unserem
Manns-Leibs-Erben, so die Töchter, oder Land-
Erben von dem vierten oder halben Theil aus-

schlies-

schliessen, beneben demjenigen, was Ihnen den
Töchtern, oder andern Land-Erben, hieroben uf
solche Fälle zugeordnet ist, das vierte oder halbe
Theil von angeregten Fünff und Dreyßig Tausend Gulden, so der Verstorbene, oder dessen Linie Unsers Vetters Adolph Hermanns seeligen
Tochter, oder Dero Erben bezahlet hätte, entrichtet, und vergnügt werden. Was aber dessen
noch nicht bezahlet, oder wann es geschehen, auf
die Güter geborget, oder noch verschrieben wäre,
deßhalben sollen die Töchtere, oder andere Land-
Erben nichts zu fordern, noch zu bezahlen haben,
sondern dieselbe Bezahlung soll von der succedi-
renden Manns-Linien beschehen.

Und nachdem Wir die Gebrüdere und Vettern Riedesel zu Eyßenbach ehegenannt, ein jeder den vierten Theil, als hieroben gehört, und
also je zween Gebrüdere die Helffte, an vielbe-
rührten Riedeselischen Häussern und Gütern jetzt
innhaben. Da sich dann der Fall mit Unser eines oder des andern Manns-Leibs-Erben, einem
oder mehr, so weniger oder mehr, als den halben
oder vierten Theil an bemelten Riedeselischen
Häusern oder Gütern innen hätten, zutragen, daß
der, oder Dieselben keine Manns-Leibs Erben,
sondern Töchter, oder Andere Land-Erben hinterlassen würden, so soll denselben Töchtern, oder
andern Land-Erben, so viel als sich der Propor-
tion und Anzahl nach auf den vierten und halben
Theil der Riedeselischen Güter zu rechnen, und
was in denselben Fällen den Töchtern, oder

Land-

Lands-Erben von wegen Unsers Vetters Adolph
Hermanns Riedesels Tochter Abfertigung, und
sonst hieroben zugeordnet ist, gebühren mag, beneben Erstattung des neuen Bau- und Kauff-
Gelds, desgleichen des Werths Dero Güter, welche in andere Wege darnechst an Unseren Stamm
von frembden gebracht würden, entrichtet werden,
doch so viel das Kauff- und Baugeld, so von
neuem nach dieser Erb-Einigung, an die Güter
gewendet, desgleichen den Werth der übrigen
Güter, so durch Erbschafft — oder sonst an viel
angezogene Häusser und Güter gebracht werden
mögen, anlangen thut; derhalben erklären, und
sezen Wir hiermit, und wollen, daß von solchem
Geld und Werth, so lang einiger Manns-Leibs-
Erbe, in absteigender Linie, von demjenigen so
die neue Gebäu gethan, oder die Güter, durch
Erbschafft, Kauff — oder sonst hiebey gebracht,
vorhanden wäre, den Töchtern, oder andern Lands-
Erben, nichts erstatten, sondern dasselbe, den
Manns-Leibs-Erben gelassen, und alsdann erst
stet, wann kein Manns-Leibs-Erbe, von dem
so wie gemelt, die neue Gebäu gethan, oder neue
Güter hinzubracht, im Leben wäre, den Töchtern von demselben gebohren, oder anderen Lands-
Erben, solch Kauff- und Bau-Geld, auch der
übrigen erworbenen Güter-Werth erstattet werden solle.

Also soll hinwieder in diesen und anderen vor-
gesezten Fällen, den Töchtern und Land-Erben
an dem Geld, welches ihnen, im Mangel der
Manns-

Manns-Erben unterschieblich, als vorstehet zugeordnet ist, jedesmal dasjenige durch die Manns-
Erben abgezogen werden, was Ihre Eltern, und
Deroselben Lini, uf die Güter, davon sie die
Töchter durch den Manns-Erben ausgeschlossen
worden, zuvor verschrieben, und noch nicht abgelegt hätten. Da sich aber Unsers Stamms
Gelegenheit durch Seegen des Allerhöchsten, also bessern würde, daß Unsere Manns-Erben einander, und ihren Manns-Leibs-Erben, Unserm
Namen und Mann Stamm zu Guten, etwas
von dem Kauff-und Bau-Geld, auch Werth der
übrigen Güter, und anderen, so den Töchtern
oder Land-Erben, als vorstehet, gefolgt werden
soll, zuordnen, und die Töchter gleichwohl der
Gebühr, — und nach ziemlichen Dingen ausgesteuret, und abgefertiget werden mögten; So
soll daffelbige Ihnen Unsern Manns-Erben hiermit freygestellt, und sich derhalben mit einander
weiter zu vereinigen, ohnbenommen — sondern
in allewege zugelassen seyn; dargegen sich die
Töchter nicht sezen, noch mit dieser Unser Erb-
Einigung etwas darwieder zu behelffen haben sollen. Hinwiederum, da sich Unsere Manns-
Erben also mehren, und unter denselben einer
oder mehr ohne muthwillige Verursachung in solche Beschwerung und Schulden gerathen würde,
daß deffelben Töchter, nach Bezahlung der Schul-
ben, mit demjenigen was ihnen nach Gelegenheit deßfalls, in Krafft dieser Erb-Einigung gebühret, nicht zu Ehren, ausgesteuret werden,
noch ihren Unterhalt, Unserem Stamm gemäß,
                                                haben

haben mögten, so sollen Unsere Manns-Erben
vor sich selbst, oder auf der Freunde Ermessen,
vor welche beyde Theile, laut hierunten gemelten
Austrags, derohalben kommen sollen, denselben
Töchtern einen solchen Nachschuß thun, damit sie
zu Ehren ausgesteuret, oder sonst der Gebühr
unterhalten werden, und auskommen mögen.

Ingleichem soll es auch mit den Wittiben gehalten werden, da eines Unserer Manns-Erben
nachgelassene Wittib von desselben erbeigenen Gütern, oder obgemelten uf denen dem Mann-Stamm
zugeeigneten Gütern ausbedingtem Vorbehalt, der
Gebühr nicht versehen werden könnte, daß alsdann die succedirende Agnaten vor sich selbst,
oder uf Ermessen der Freunde, dieselbe nach Gelegenheit mit Wittumb und Vermächtnuß versorgen.

Damit auch den Töchtern und Land-Erben,
das neue Bau- und Kauff-Geld, so nach dato
dieses Briefs angewendet, beßgleichen der Werth
Dero Güter, welche sonst an Unsern Stamm
vom Fremden gebracht, förderlich und richtig bezahlt, und derhalben alle Weitläufftigkeit zwischen Ihnen und Unsern Manns-Erben verhü-
tet werden möge; So sezen ordnen und wollen
Wir, daß Unsere Manns-Leibs-Erben, durch
welche die Töchter, oder andere Land- und Ei-
genthums-Erben, als obstehet, in den unterschiedenen Fällen ausgeschlossen werden, denselben
Töchtern, oder anderen Erben, alle und jede
durch den verstorbenen und dessen Erben, nach
dato

dato dieß erlangte Kauff-Brief, und gehaltene
Bau-Register, auch andere über die von den verstorbenen, sonderlich ererbte — oder erworbene
Güter sagende briefliche Urkunden, so die Manns-
Erben aus des verstorbenen Nachlaß oder sonst,
es seye woher es wolle, zu Handen gebracht, vermittelst leiblichen Eyds, welche sie den Töchtern
oder andern Erben, uf Deroselben begehren, darum schweren sollen, in Originali vorlegen, auch
davon Abschrifft machen lassen, und sie nach Ausweisung solcher Brief und Register, auch anderer
brieflichen Urkunden, des Kauff- und Bau-Gelds,
oder Werths Dero sonst ererbten oder erworbenen Güter, vergnügen sollen, es wäre dann Sach,
daß die briefliche Register, oder andere Urkunden
verdächtig wären, derohalben den Manns-Erben
ihr gebührende Einrede bevorstehen, und beyde
Theil sich derowegen, oder da sie sich des Werths
des ererbten — oder sonst erworbenen Güter,
nicht vergleichen könnten, durch nachfolgenden
Austrag entscheiden lassen sollen, oder aber, da
die Gebäu ohnnöthig, oder sonst also beschaffen
wären, daß Sie die Manns-Erben lieber den
Töchtern, oder andern Erben, folgen lassen, als
das Bau-Geld darvor erstatten wolten, daß ihnen frey stehen soll, und mögen die Töchter — und
Lands-Erben, alsdann die Gebäu, doch sonder
alle Obrigkeit und Freyheit, so der Verstorbene,
als ein Riedesel zu Eyßenbach darinn gehabt,
sondern gleich anderen Inn- und Ausländischen,
welche Häusser oder Gebäu in Riedeselischer —
Obrigkeit haben, selbst behalten und gebrauchen,
oder

oder anderen, doch daß Dieſelbe nicht höheren —
noch gleiches Stands mit Uns ſeyen, verkauffen.
Wir und Unſere Manns-Erben ſollen und wollen auch in allen und jeden vorbeſchriebenen Fällen, da Wir oder unſere Manns-Erben die Töchter, oder andere nechſte Bluts-Erben, von oberzehlten Riedeſeliſchen Häuſſern und Gütern aus-
ſchlieſſen, und ſolche Häuſſer und Güter uf Uns,
oder Unſere Manns-Erben, als vorſtehet, kommen und fallen werden, alsbald, und auß läng-
ſte innerhalb eines Jahrs, von des verſtorbenen
Todt an zu rechnen, den ausgeſchloſſenen Töchtern, oder andern nächſten von Unſerem Stamm
gebohrnen Bluts-Erben obbeſchriebene — uf einen jeden Fall geſezte Summen Gelds, ohne alle
Einrede und Ausflucht, wie die Namen haben, oder
erdacht werden mögten, baar überlegen, und bezahlen, oder ſie deren in andere Wege verſichern,
darvor dann des verſtorbenen hinterlaſſene — und
Uns oder Unſeren Manns-Erben angefallene
Güter, als ein rechtes und wahres Unterpfand,
bis zur Bezahlung dermaſſen hafften, daß die
Töchter, und andere vorbeſchriebene Erben Macht
haben ſollen, im Fall ſie nicht, wie nechſt gemelt, innerhalb Jahrs bezahlet, oder der Gebühr verſichert würden, ſolche ihnen verhaffte und
hypothecirte Güter ſelbſt eigener That einzu-
nehmen, und ſo lang zu nieſſen, und zu gebrauchen, biß ſie der Haupt-Summen — und davon
gebührende Intereſſe, je fünff uß Hundert zu rechnen, ſamt aufgelauffenen Koſten und Schaden,
auß bemelten Gütern habhafft gemacht, oder von

Uns,

Uns, oder Unseren Manns-Erben allerdings be-
friediget würden. Und dieweil oberzehlte Unsere Häuser und Güter theils ohne Mittel unter
der Kayserlichen Majestät, Unserem allergnä-
digsten Herrn, und dem Heiligen Reich, theils
aber unter den Reichs-Ständen gelegen. So
ruffen Wir Ihro Kayserl. Maj., auch Dieselbe
Stände hiermit an, allerunterthänigst — unter-
thänig-und gehorsamen Fleisses bittende, Unsere
Töchter, oder andere vorbeschriebene Erben, da
sie bemelte ihnen verhaffte — und hypothecirte
Häuser und Güter, wie vorstehet, im Fall der nicht
Bezahlung einnehmen würden, dabey nicht allein
allergnädigst und gnädiglich zu schützen, zu schirmen
und hand zu haben, sondern auch, da die Töchter,
oder andere vorbemelte Erben solch ihr Unterpfand nicht selbst einnehmen könnten, oder wolten, sie alsdann darinn, ohne allen vorgehenden
gerichtlichen Procefs und Erkantnufs, in Krafft
dieser Erb-Einigung und Bewilligung, Dero Wir
vor Uns, Unsere Erben, Erbnehmen und Nachkommen, die Krafft und Macht eines in Recht
ausgesprochenen Urtheils geben, zu immittiren,
auch derohalben ihnen auf ihr Ansuchen Mandata sine justificatoria clausula zu ertheilen, und
ihnen dardurch zu förderlicher schleuniger Bezahlung, simpliciter & de plano sine strepitu &
figura Judicii zu verhelffen. Sintemahl auch
die gemeinen Rechten verordnen, welchergestalt,
und aus was Ursachen die Kinder, da sie es ver-
schulden, durch ihre Eltern, von Deroselben Erbschafft ganz und gar ausgeschlossen, und enterbt

                                            wer-

werden mögen. Demnach und damit diese Unsere Erb-Einigung, Statut und Verordnung, mit der Zeit nicht etwan mißbraucht, noch dahin gedeutet werde, daß Unsere und Unserer Manns-Erben Söhne und Töchter, oder in Dero Mangel andere von Uns gebohrne Erben, dessen was einem jeden uf gemelte unterschiedene Fäll zugeeignet und verordnet ist, sie halten sich gleich wie sie wollen gegen ihre Eltern, oder andere, von welchen ihnen laut dieser Unser Erb-Einigung und Verordnung einige Anwartung jezt oder hinkünfftig gebühren mögte, fähig seyn sollen und mögen.

So erklären und sezen Wir hiermit, daß die angezogene gemeine Rechte von Enterbung und Exhaeredation, durch diese Erb-Einigung und Vergleichung in Unsern der Riedesel zu Eyßenbach Stamm nicht aufgehaben, sondern vielmehr Uns, und Unsern Manns-Erben nicht allein gegen die Kinder, Söhne und Töchter, sondern auch, da Wir, oder Unsere Manns-Erben einer oder mehr, keine Kinder, Söhn oder Töchter gewinnen, gegen alle diejenige, männlichs und weiblichs Geschlechts, welch Uns und Unsern Manns-Erben in den Riedeselischen Gütern sonst, als vorstehet succediren, oder da sie davon excludirt, einig Abfertigung an Geld zu gewarten haben würden, frey stehen, und so wohl die in der zwerch-als absteigenden Linien, so fern es einer oder der ander aus denen in gemeinen Rechten von der Exhaeredation gesezten Ursachen verwürcken würde, zu enterben, zu exhere-
diren,

diren, und von solcher Succession oder Abfertigung ganz oder zum Theil auszuschliessen, zu excludiren, und Deroselben zu berauben, und zu
priviren, erlaubt und zugelassen seyn soll. Doch
soll dasjenige, was also gänzlich, oder zum Theil
einem oder dem andern durch solche Exhaeredation an den Gütern, oder deroselbigen künfftigen
Succession und Anwartung entzogen wird, an
keinen ausser Unsers Dero Riebesel zu Eyßenbach, Mann=Stamm gewendet, sondern dasjenige, dessen die Manns=Erben privirt und enterbt werden, soll uf die nächste von Uns gebo rne
Manns=Erben, welchen die Succession nach dem
exhaeredirten in den Gütern gebühren wird, fallen und kommen, und wessen die Töchter enterbt
oder privirt, das mag, als viel die Anwartung
und künfftige Succession in den Gütern, uf den
Fall unser ganzer Mann=Stamm aussterben
wird, belangt, nicht allein den nächsten, sondern
auch andern von Uns gebohrnen Weibsbildern,
und Deroselben Erben in Absteigender Linien vermacht und zugeordnet werden.

Und wofern einer oder mehr unter Uns, und
Unsern Manns=Leibs=Erben, keine Söhne noch
Töchter ehelich erzeugen würde, so soll demselben
frey stehen, nicht allein das Geld, was er vor
seine Person von neuem an die Güter mit Bauen
oder Kauffen gewendet, deßgleichen den Werth
dessen, so er sonsten darzu gebracht, andern zu
übergeben, oder zu verschaffen, sondern auch noch
ferner hiermit zugelassen seyn, zehen Tausend Gul-

ben obgenannter Wehrung, so fern er den vierten
Theil an den Riedeselischen Häusern und Gütern
hätte, oder ein grosser und geringer Summ Gelds,
sofern ihm mehr oder weniger als der vierdte Theil
an berührten Häusern und Gütern zustünde, und
von ihm oder seinen Eltern darauf zuvor nicht
verschrieben wäre, in seinem lezten Willen uf seinen Antheil Güter zu vermachen, und wem er
will, zu übergeben, welches auch desselben nächster
Stamms-Folger und Manns-Erb von Uns gebohren, doch abermals nicht ferner oder weiter,
als nach Abzug dessen, was von dem verstorbenen
oder dessen Eltern, uf deroselben Antheil Güter
vorhin verschrieben wäre, zu entrichten, und ab-
zustatten schuldig seyn sollen. Wofern aber Unser der Riedesel zu Eyßenbach ganzer Manns-
Stamm (darfür GOtt der Allmächtige lang gnä-
dig seyn wolle) zumal aussterben solte, alsdann
sollen der erst abgestorbenen Linien nächste von
Uns gebohrne Erben, oder, so fern dieselbe allerdings, als vorstehet, enterbt und exhaeredirt,
die andere von Uns gebohrne - und in dem lezten
Willen eingesezte, und deren Erben, da Sie dasjenige, was die ander Linie, so Krafft dieser Unser Erb-Einigung und Vergleichung der erst abgestorbenen Linien Töchter und Land-Erben ausgeschlossen, denselben an Geld, in Krafft dieser
Erb-Einigung und Statuts zu erlegen schuldig, und
den Töchtern oder deren Land-Erben, und sofern
Sie dessen durch einen lezten Willen privirt und
enterbt wären, andern laut solchen lezten Willens
erlegt hätten, wieder in die Güter einwerffen und

con-

conferiren würden, zu den Häusern und Gütern,
von welchen sie biß dahin ausgeschlossen gewesen,
wieder einen freyen Zutritt haben, und in dem
Rechten, als wann sie niemals ausgeschlossen gewesen, stehen. Solte auch die erst ausgestorbene Lini Schulden auf die Güter verschrieben haben, so Deroselben Töchtern an obberührter ihrer Abfertigung abgezogen, und also den Töchtern die zwanzig Tausend Gulden, welche einer
jeden Linien Tochter uf solchen Fall, als obstehet
zu erlegen gebührt, ganz oder zum Theil nicht
entrichtet, oder auch, wann die Töchter, solcher
Summ ganz, oder zum Theil, durch Enterbung, wie vorgemelt, privirt, dieselbe andern,
als von Uns gebohrnen Erben, vermacht wären
worden, alsdann sollen nichts destoweniger die
Töchter und Land Erben, uf den Fall Unser ganzer Mann-Stamm aussterben wird, zu ihrer Linien Antheil an obbeschriebenen Riedeselischen
Häussern und Gütern, eher nicht zugelassen werden, sie haben dann dasjenige, so der lezt leben-
den Linien Mann-Erben, von wegen der erst abgestorbenen Linien uf die Güter verschriebenen
Schulden, oder anderen und fremden beschehenen
Vermächtnus, bezahlt und entrichtet hätten, denselben zuvor wieder erstattet und verschafft, und
was jezo von den Schulden gesezt ist, das soll
nicht allein in den zwanzig Tausend Gulden —
sondern auch vielmehr statt haben, wan uf Ermessen der Freunde die ausgestorbenen Linien,
darüber auf die Güter geborget, und dieselbe verschrieben, oder auch deroselben Linien Töchter

H 2   zum

zum Unterhalt ein Nachschuß, als vorgesezt, be＝
kommen hätten, welches alles in diesem Fall wie＝
der erstattet, und in die Güter eingeworffen wer＝
den soll. Und was, uf den Fall Unser ganzer
Mann＝Stamm nicht mehr seyn wird, mehrge＝
dachten Unsers Vetters Adolph Hermann Rieb＝
esels seeligen Tochter, oder deren Erben, von we＝
gen sein Adolph Hermanns seeligen an den Rieb＝
eselischen Häusern und Gütern gehabten Antheils,
laut obberührts im Jahr Fünffzehen Hundert
siebenzig und drey zu Marburg aufgerichten Ver＝
trags, gebühren würde, derhalben sollen Unsere
der obgenandten Riebesel Erben, alsdann sich be＝
melten Vertrags gehalten, da demselben von sein
Unsers Vettern Adolph Hermanns Töchter oder
deren Erben dergleichen beschehen würde.

Wir erklären, sezen und ordnen auch hiermit,
daß alles dasjenige, was hieroben uf die erzehlte
unterschiedene Fälle den Töchtern, und nächsten
Bluts＝oder Lands＝Erben zugeordnet ist, welches
ermeldten Töchtern, oder Erben, an Geld ent＝
richtet, und nach aussterben Unsers gänzlichen
Manns＝Stamms an Gütern gefolgt werden soll,
daß solches allein in denen von Unsern beyden Li＝
nien gebohrnen nechsten Bluts＝Erben statt haben,
und uf andere von Uns nicht herkommende, oder
gebohrne Bluts＝Erben, es seyen gleich Unserer
Bluts＝Erben Mutter, Vetterliche oder Mütter＝
liche Anfrauen, auch Mütterliche Anherr, oder an＝
dere von denselben hero Ihnen Unsern Bluts＝Erben
in uffsteigender oder Zwerch＝Linien angewandte
Bluts＝

Bluts-Freunde (so nicht von Uns und Unserem
Stand der Riedesel zu Eyßenbach hero gebohren
seynd) gar nicht verstauben noch dahin gedeutet,
oder extendirt werden solle.

Im Fall aber Unsere beyde Linien, samt oder
sonders, ohne Hinterlassung Erben in absteigender Linien gänzlich aussterben würden, alsdann
soll dasjenige, was der ausgestorbenen Linien
Töchtern, in Krafft dieser Erb-Einigung zugeordnet und zuvor behalten ist, uf Unsere und der
ausgestorbenen Linien Schwestern, und Deroselben Leibs-Erben, kommen und fallen. Und
dieweil Unsere und Unserer Manns-Erben Töchtere, mit obgesetzten ihnen unterschiedlich zugeord-
netem Heuraths-Gut und Abfertigung, auch
Nachschuß an Geld, uf die bemelte Fälle, und
vorbehaltene Succession, im gänzlichen Mangel
Unsers Manns-Stamms, durch diese Unsere
Erb-Einigung genugsamlich, und der Adelichen
Gemeinen — auch unserer der Riedesel Stamms
Gewohnheit, und vorigen Vergleichung gemäß,
versorgt seynd, also, daß sie sich hiergegen mit
keinem Fug zu beklagen; So wollen Wir Ihnen Unsern und Unserer Manns-Erben-Töch-
tern, bey dem Gehorsam, den sie Uns vermög
Göttlicher-Natürlicher und Weltlicher Rechten
zu leisten schuldig, uferlegt und befohlen haben,
sich mit solcher Verordnung begnügen zu lassen,
und darwieder nichts vorzunehmen, noch zu su-
chen, weder in noch ausserhalb Rechtens, in keinerley Weise, dann, wo solches über Zuversicht

besche-

beſchehen ſolte ; So ſezen und verordnen hiermit,
in der beſtåndigſten Form, als von Rechts und
Gewohnheitswegen immer kan, ſoll oder mag
beſchehen, daß die Tôchter und deren Erben ſich
damit, wann ſie dieſer Unſer Erb-Einigung und
Verordnung zuwieder etwas, als vorſtehet, wiſ-
ſentlich ſuchen, oder handeln würden, alles desjenigen, was ſie aus gemelter Unſer Erb-Einigung weiter zu gewarten, ſich mit That, ipſo
jure & facto ſelbſt verluſtig gemacht haben, und
dieſe Unſere Satzung, Erb-Einigung und Vergleichung, in allen und jeden ihren Puncten nichts
deſtoweniger kråfftig und bündig ſeyn und bleiben
ſoll.

Und damit viel berührte Güter nicht allein
bey Unſerem Mann-Stamm ohnverrückt erhalten werden, ſondern Unſere Erben Mannlichs
und Weiblichs Geſchlecht, da ſie deſſen, was einem jeden vorgeſetzter Maſſen zugeordnet iſt, ſo
wohl vor ihre Leibs-Erben, als ſich ſelbſt, fåhig
ſeyn wollen, deſtomehr Urſach haben mögen, ſich
eines gottſeeligen Lebens, auch aller Adelichen
Ehr und Tugend zu befleißigen ; So ſezen und
ordnen Wir hiermit, daß alles, was von Unſern
Mannlichen- und Weiblichen Geſchlechts-Erben
einem jeden zu gutem, uf die unterſchiedene Fålle
in dieſer Einigung allenthalben geſezt und geordb-
net iſt. Allein von denjenigen, ſo nach vorge-
henber Ehegelôbnuß und deroſelben Chriſtlichen
und gewöhnlichen Vollziehung, im rechten wah-
ren Ehebett gebohren, und gar nicht von denen,
ſo durch nachfolgende Ehe, oder ſonſten legiti-
mirt

mirt seynd, verstanden werden, und statt haben,
und so lang einig Manns-Erb aus rechtem Ehebett, wie nechst gesezt, gebohren vorhanden, alsdann keine Töchter, oder andere Bluts-oder Testaments-Erben, in obberührten Gütern zugelassen werden, aber wann kein solcher Manns-
Erb vorhanden, alsdann diejenige Töchter oder
Lands-Erben allein, welche sammt ihren Eltern,
wie nechst gemelt, im rechten Ehe-Bette gebohren seynd, desjenigen fähig seyn sollen, was den
Töchtern in Mangel der Manns-Erben, laut
dieser Unserer Erb-Einigung und Vergleichung
gebühret. Im Fall auch vorgerührter Unserer
Erben einer, oder mehr, über Unser Hoffnung
und Zuversicht, mit einer leichtfertigen Person
sich wissendlich behängen, und mit derselben in
Ohnpflichten leben, und sie darnach zur Ehe nehmen, und mit ihr Kinder erzeugen würde, so
sollen nicht allein dieselbigen Kinder, sondern auch
die Weibsbilder von Unserem Mann-Stamm
gebohren, welche eine solche Leichtfertigkeit, wie
vorstehet, begehen, wann sie schon keine Kinder
zeugen würde, aller und jeder vorgeschriebener
Unserer Güter und Dero Besizes auch Abfertigung und Anwartung ohnfähig seyn, welche Wir
auch jezo als dann und dann als jezo Dero ohnfähig erklären, darvon excludiren und ausschlies-
sen, doch behalten Wir ihnen nothwendigen Unterhalt und Alimenta nach Erkantnus der Freunde zu reichen bevor, und wollen hierneben alle
und jede vorgemelte Unsere Erben treulich und
mit allem Ernst erinnert und vermahnet haben,

wann

wann sie zu ihren Mannbahren Jahren kommen,
daß sie alsdann nicht weniger, als Unsere Vor-
Eltern, und Wir, bißhero gethan, sich mit Rath,
auch Wissen und Willen ihrer Eltern und Freunden an redliche Gottesfürchtige Personen, und
solche Geschlechte vom Adel, welche Ehrlichs-
Adelichs Stands und Herkommens seyen, ver-
heurathen, damit allerhand Ohnrath, Verweiß,
und Nachtheil, welche sonst aus ohngleichen Heu-
rath entstehen, und zu folgen pflegen; um so viel
mehr zu verhüten.

Damit auch alles und jedes hievor geschrieben, desto steiffer und fester gehalten, und was
dargegen vorgenommen, sonder alle Weitläuftig-
keit abgeschafft, und zur Richtigkeit gebracht werden möge, so haben Wir uns ferner verglichen
und vereiniget, und thun solches hiermit in Krafft
dieses Briefs, vor Uns, Unsere Erben, Erbnehmen und Nachkommen, da sich zwischen Uns,
oder Unseren Erben, Söhnen, Töchtern, oder
anderen obgemelten Nachkommen von wegen obgesetzten Punkten, oder auch anderer Ursachen
halten, was auch Dieselben wären, einige Miß-
verstände zutragen würden, daß alsdann einer
dem andern sein Anliegen mündlich oder in Schriften mit Bescheidenheit zu erkennen geben, und
wann er sein verhofft Recht damit nicht erlangen
könnte, denselben vor die Freunde zu gütlichem
oder rechtlichem Austrag erfordern soll, in Zeit
zweyer Monaten, mit dem andern vorzukom-
men, deme auch der ander sonder alle Ausflucht
Folge

Folge thuen, und soll ein jedes Theil ein, zwey, oders ufs höchste drey Freunde, in solcher Anzahl, als Kläger benennen wird, welche Benennung der Anzahl in der Erforderung beschehen soll, niedersezen, vor welchen sie ihre Beschwerung, Bericht, und Gegen-Bericht, kürzlich vorbringen, und sollen die Freunde sie mit ihrem Wissen und Willen derhalben gütlich entscheiden, und wann dasselbe von ihnen also nicht geschehen könnte, die Sach in ein schleunigen Austrag Rechtens verfassen, also, daß die Partheyen ihre Nothdurfft mit Klagen, Antworten, Beweiß, Gegen-Beweiß, Ein-Nach-und Schluß-Reden, in wenig und kurzen Terminen, und Sätzen nach der Freunde Ermessen, vorbringen, darauf die Freunde alsdann sich eines Rechts-Spruchs vergleichen, und wann sie desselbigen nicht einig werden könnten, mit Beyfall eines Obmanns, welcher ihnen von den Partheyen zu geben, oder da sich die Partheyen darum nicht vergleichen könnten, durch Sie, die Freunde gewählet werden mögte, in der Sachen sprechen, oder die Acten auf eine unpartheyische Universitæt, darauf, was recht, zu erkennen, verschicken, darbey es dann auch endlich bleiben, und beyde Partheyen sich derhalben im Austrag zuforderist aller Appellation, Reduction, Supplication, Restitution und dergleichen Querel, je eines gegen das andere verzeihen, dasselbig auch zu thun pflichtig seyn sollen.

Und wofern einer oder der ander Theil den Freunden, welche, als vorstehet, niedergesezt

H 5   wer-

werden, auch Rechts-Gelährte zuzuordnen begehren würde, alsdann soll und mag jedes Theil beneben einem oder zweyen Freunden einen Rechts-
gelehrten niedersezen. Ob dann wohl die Sachen ohngleich, und da sie rechtlich ausgetragen
werden sollen, zu der einen mehr Termin — als
zur andern gemeiniglich voonöthen seynd, jedoch,
damit Unsere Erben und Dero Freunde eine gute Anleitung des Austrags haben, und sich in
vorfallenden Sachen darnach richten mögen, so
sollen im ersten Termin Dero Partheyen Klage
und Gegen-Klage doppel eingebracht werden. Im
andern Termin sollen die Vor- und Nachbeklagte
ihre Litis-Contestation, lautere und unterschiedliche der Kayserlichen Cammer-Gerichts- und des
Heiligen Reichs Ordnung gemässe Responsiones,
auch Defensionales oder peremptoriales articu-
los, ob sie Dero doppel eingeben. Im dritten
Termin sollen Klägere auf eingegebene Defensionales unterschiedliche, wie obgemelt, Responsiones vorbringen, auch ihre Zeugen, da sie Dero führen wolten, nominiren, und ihre Briefliche Urkunden und Jura probatoria produciren.
Wie dann auch im vierdten Termin Beklagte zu
Beweisung und Verification ihrer Defensional-
Articul Zeugen nahmhafftig machen, auch ihre
Briefliche Urkunden einbringen sollen, ein jeder
Theil so Zeugen angibt, mag zugleich eine Designation der Articul, darauf die Zeugen abzuhö-
ren, übergeben, und da solches verblieb, soll den
Partheyen in Termino wann die Zeugen fürge-
stelt werden, solche Designation oder Directoria,
wie

wie dann auch Interrogatoria dem Commiſſario, oder Examinatori einzugeben bevorſtehen. Und ſollen die Zeugen von dem deputirten Commiſſario innerhalb dreyen — oder zum längſten vier Monaten verhört, auch deren Atteſlationes den Partheyen auf ihr Begehren gleich publicirt und Abſchrifft davon mitgetheilt werden; darauf jeder Theil eine Probation-Salvation-und Exception-Schrifft im Fünfften Termin doppel, wie ſonſten allenthalben einbringen ſoll. Im Sechſten Termin ſoll ein jeder Theil eine Concluſion-Schrifft jedoch ohne Einführung — Neuerung eingeben, und damit zu End Urtheil beſchlieſſen. Da dann ſolches alles vollnbracht, ſollen alle ſolche Acta, Klage, Gegenklage, Defenſionales, Reſponſiones, Atteſlationes, Jura probatoria, und alles, was ſonſt für und einbracht iſt, nach dem Protocoll ordentlich zuſammen bracht, und den niedergeſezten Freunden ſich eines Rechts-Spruchs darauf, wie vorſtehet, zu vergleichen, vorgelegt, oder auf eine unpartheyiſche Univerſität, Dero ſich die Partheyen vor ſich — oder mit zuthun der niedergeſezten Freunden vergleichen würden, Urtheil in der Sachen zu faſſen, verſchickt werden; Und was alſo von den Freunden, oder der Univerſität erkannt, geurtheilt und ausgeſprochen wird, bey ſolchem ſoll es ohne einige Appellation, Reduction, Reviſion oder Supplication, Dero ſich die Partheyen vermöge dieſes Vertrags zu begeben ſchuldig verbleiben, und wann ſchon die Partheyen ſich der Appellation, Reduction, Reviſion oder Supplication nicht zu-

vor

vor begeben, und darauf verziehen hätten, sollen
sie gleichwohl derselben keines gebrauchen, son=
dern der Urtheil geleben. Und sollen obgemelte
Termin und Sätze von sechs Wochen zu sechs
Wochen von Zeit der überschickten und empfange=
nen Producten und Abschrifften der Zeugen Sa=
ge gehalten, welches tempus continuum seyn,
darin auch die einfallende Feyertage mit einge=
rechnet, und nicht ausgeschlossen werden sollen.
Im Fall auch der Partheyen eine, welche das
wäre, an ihren schrifftlichen Anlagen, durch De=
ro Advocaten, oder sonst aus erheblichen Ursa=
chen, daß er in obbestimmter Zeit seine Noth=
durfft nicht einbringen möchte, verhindert würde,
soll alsdann demselbigen eine Prorogation nem=
lichen Sechs Wochen in demselben Termin zu=
gelassen werden. Und wofern in währendem
Proceß der Responsion — oder eines andern
Puncten wegen Streit vorfallen würde, soll sol=
cher Streit oder Punct, da er der Haupt=Sachen
nicht præjudicial, durch die Freunde — Im
Fall aber das End=Urtheil uf einer Universität
gefast werden sollte, und der eingefallene Punct
das End=Urtheil berühren, oder uf sich tragen,
und der Haupt=Sachen præjudicial seyn würde,
durch Bescheid und Erkantnuß der Universität
erledigt werden. Doch soll durch diese Anlei=
tung des Austrags den Freunden und niederge=
sezten ohnbenommen — sondern zuvor behalten
seyn, den Partheyen in zutragenden Fällen, was
die Termin und Handlung in dem Austrag be=
langt, gestalten Sachen nach ein mehrers oder

/ weni=

weniger$ zuzulaffeu, und wann demjenigen, so
vermittelst des Austrags durch die niedergesezte
Freunde — oder Univerſitæt erkandt, nicht al-
ſobald von dem verluſtigten Theil gelebet wird,
ſo ſoll und mag der gewinneude Theil derhalben
am Kaherlichen oder Königlichen Cammer-oder
Hofgericht Executorialia, pœnalia Mandata ſi-
ne Juſtificatoria clauſula, in aller maſſen als ob
die Urtheil daſelbſt ausgeſprochen wäre, ausbrin-
gen, und darauf procediren, wie ſie vermög
Rechtens und des Heiligen Reichs Ordnung in
Executions-Sachen gebühret. Und damit keiner vor dem Austrag, als obſtehet, zu kommen,
und denſelben zu geleben ſich verweigern, noch
ſonſten etwas, ſo dieſer Erb-Einigung ſtracks zugegen, vorzunehmen, und den andern in einem ſolchen, laut dieſes Vertrags, ohndiſputirlichen Fall
zur Ohngebühr umzuführen und ufzuhalten unter-
ſtehen, ſondern derhalben alle Urſachen hinweg ge-
raumt werden mögen; So haben Wir Unſer, Unſerer Erben, Erbnehmen und Nachkommen Perſon,
auch gegenwärtige und künfftige Güter, alſo verpflichtet und verbunden, thun auch daſſelbe hiermit, und Wollen, daß dieſer Brief in allem denjenigen, was von Unſern, oder Unſerer Erben,
Erbnehmen und Nachkommen Perſonen, und gegenwärtigen — oder zukünfftigen Gütern, darinn
geſchrieben ſtehet, die Krafft und Macht habeu
ſoll, als wann es zwiſchen Uns und Unſern Erben, Erbnehmen und Nachkommen, und denjenigen, welche die Güter wieder dieſe Unſere Ver-
ordnuug inn haben, mit Urtheil und Recht durch
Unſer

Unser, Unserer Erben, Erbnehmen und Nachkommen, oder der Güter bequemen Richter, erkannt und ausgesprochen wäre, und wann hierüber etwas, das diesem Brief stracks zugegen ist,
vorgenommen würde, so offt dasselbe beschehe, wie
doch nicht seyn soll, so sollen Wir und Unsere Erben jedes mahl in solchen, laut dieser Erb Einigung klaren und richtigen Fällen gegen die Thä-
ter und Innhaber der Güter, an Kayserlichen
oder Königlichen Cammer- oder Hof-Gericht, Ex-
ecutoria, pœnalia Mandata sine Justificatoria
clausula, mit Vorlegung dieses Briefs, oder desselben glaubwürdigen Abschrifft, in aller massen, als
wann derselbe in allen seinen Clausuln von Worten
zu Worten allda mit Urtheil und Recht zuvorn ausgesprochen und erkannt wäre, zu bitten und aus-
zubringen Macht haben, und darauf ferner, wie
sie in ausgesprochener Urtheil Execution gebühret, in Recht handeln und procediren, biß daß
alles wieder diesen Brief gethan und vorgenommen, wieder abgeschafft und derselbe jedesmahl
dem Buchstaben nach durchaus vollnstreckt und
exequiret wird, um welche Execution Wir hiermit vor Uns, Unsere Erben und Nachkommen,
Ihro Kayserl. und Königl. Majestät, und Deroselben Cammer- und Hof-Richter, ihres tragenden Amts halben, allerunterthänigst, unter-
thänig und der Gebühr nach, anruffen und bitten thun, und soll gegen solches alles und jedes Uns, Unsere Erben, auch Innhabere obberührter Güter, keine Præscription, Exemption,
Restitution, Indult, Rescript, oder andere Be-
nefi-

neficien, so bey Kayser, König, Chur-und Fürsten, durch Ungestümm Anhalten erlangt, oder
von denselben aus eigener Bewegnuß gegeben,
oder was hiergegen aus allgemeinen beschriebenen
Rechten, oder sonst eingewandt werden mögte,
zumahl nichts ausgenommen, nichts schützen,
schirmen, noch Uns deren eines oder mehr behelffen, dann Wir Uns Deroselben allesammt und
insonderheit Dero Rechten, welche in etzlichen
Fällen eine souderbahre Renunciation fordern,
und sonst den gemeinen Verzug nicht zulaffen, mit
vorgehender genugsamer Erinnerung, wiffendlich
begeben, und verziehen haben, thun auch daffel-
be hiermit, in Krafft dieses Briefs, und wollen,
daß diese Unsere Erb-Einigung nicht allein in ob-
gesezter — sondern auch sonst in der besten und
beständigsten — auch zu Erhaltung Unsers Na-
mens und Manns-Stamms allerdienlichsten
Form, als von Rechts- oder Gewohnheitwegen
immer erfunden, oder erdacht werden kan, soll
oder mag, statt haben, und von Uns, Unsern
Erben, welche solche Erb-Einigung nicht aus
Mißgunst, sondern zu Erhaltung des Manns-
Stamms — von welchen die Töchter sonst nicht
der Gebühr abgefertigt werden mögten, sondern
mit dem verderbten Stamm auch ins Verderben
gesezt würden, aufgerichtet ist, in allen Puncten
und Articuln, nach laut dieses Briefs, von Worten zu Worten, steiff, fest, unverbrochen und
unwiederruflich gehalten, auch zu ewigen Zeiten
nichts dargegen vorgenommen, noch andern zu
thun

thun gestattet werden soll, in keinerley Weiß, als
Wir, dann solches einander mit Hand und Mund
an Eydes statt im Wort der Wahrheit gelobt, und
bey Unseren Adelichen Ehren, Treuen und Glauben
einander zugesagt und versprochen, und Unsere
Kinder und Erben bey dem Gehorsam, den sie vermög Göttlicher-Natürlicher und Weltlicher Rechten Uns zu leisten schuldig seynd, zu Vollnzie-
hung dessen alles verbunden, auch damit demselben um so viel mehr gebührende Folge beschehen
möge; Sie berhalben beschließlichen hiermit wollen verpflichtet haben, daß ein jeder Unserer
Manns-Erben, welcher Achtzehen Jahr alt wird,
uf Erforderung der andern, wann ihm dieser
Vertrag vorgehalten, und er dessen erinnert wird,
dergleichen Gelübd, als durch Uns, wie vorstehet, jezo beschehen, darauf thun, und derhalben
seine Beybrief den andern geben, auch zuvor und
ehe dann solches beschehen, zu seinem sonst gebüh-
renden Antheil in den Häussern und Gütern nicht
gelassen. Und obgleich solch Gelübd und Beybrief einiger Ursachen willen verblieben, oder
auch sonst etwas, so diesem Brief zuwieder oder
ohngemäß wäre, fürgenommen, oder erkannt
wird, soll derselbe darum nicht geschwächt seyn,
auch derohalben-und sonst kein Herkommen noch
Verjährung dargegen angezogen, sondern dieser
Brief nichts destoweniger in allen Puncten, Clausuln, und Articuln von Unsern Kindern und Erben, als wann sie denselben von neuem alsdann
gelobt hätten, erblich, ewiglich und ohnwieder-
ruflich

ruflich gehalten werden foll; Alles getreulich und
ohne Gefährde. Deſſen in Urkund haben Wir
dieſer Briefe drey gleiches Lauts, deren Wir einen in Unſere Sammt Käſten gelegt, und Wir
Georg und Conrad den andern, und Johann und
Volprecht den dritten zu Uns genommen, ufge-
richtet, dieſelbigen mit eigener Hand Unterſchrieben, und Unſere angebohrne Inſiegel daran gehangen, auch hierüber die Edle und Ehren-
veſte, Unſere freundliche liebe Vettern, Schwä-
gere und Gevattern, Hartmudt von Cronberg den Aeltern, Churfürſtl. Maynßiſchen
Hofmeiſter ꝛc. Erckprechten von der Malß-
purgk, alten Stadthalter zu Caſſel ꝛc. Burck-
harden von Kramm, Stadthaltern zu Marpurgk ꝛc. Hanſen von Berlepſch den Eltern,
Antoni von Werſebe, Amtmann zu Schmalkalden, Johann Eberhard von Cronbergk,
Burggrafen zu Friedbergk, Hannß Henri-
chen von Heuſenſtamm, Mäußiſchen Mar-
ſchalck, ꝛc. Carlen von Döringenbergk,
und Rudolph Wilhelm Rauen von und
zu Holzhauſen, ſo wir als Zeugen, dieſer
Erb-Einigung erſucht, mit Fleiß gebetten, daß
ſie beneben Uns ſich auch unterſchrieben, und ihre Innſigel und Pettſchafft daran gehangen, welches Wir jetztgenannte alſo geſchehen ſeyn, hiermit bekennen, doch Uns und den Unſeren ohne
Schaden. Geben zu Eyßenbach am zwölfften
Tag Auguſti, in Jahren nach Chriſti JEſu,
Unſers einigen lieben Erlöſers — und Seelig-

        J   ma-

machers Geburth. Ein Taufend Fünffhundert Achzig und Sechs.

Georg Riedefel zu Eyßenbach Erb-Marschall zu Heffen.

(L. S.)

Johann Riedefel zu Eyßenbach

(L. S.)

Volprecht Riedefel zu Eyßenbach.

(L. S.)

Hartmudt von Cronbergk, der Elter Mayntzischer Hofmeifter.

(L. S.)

Eckbrecht von der Malßburgk der Elter.

(L. S.)

Curt Riedefel zu Eyßenbach.

(L. S.)

Hannß von Berlepsch der Elter zu Bodenstein.

(L. S.)

Antonius von Werfebe, Amtmañ zu Schmalkalden.

(L. S.)

Burckhardt von Kramm Statthalter zu Marburgk.

(L. S.)

Hannß Henrich vom Heufenstamm, Churfürftl. Mäntzischer Marfchalck.

(L. S.)

Carl von Obringenbergk.

(L. S.)

Johann Eberhard von Cronberg Burggraf zu Friedbergk.

(L. S.)

Rudolph Wilhelm Rau zu Holzhaufen.

(L. S.)

An-

Anhang

Num. II.

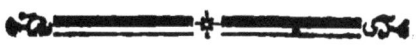

Entwurf

einer

Geschichte

des

Hochfreiherrlichen Hauses

von Seckendorf

von

Samuel Wilhelm Oetter.

Erſter Theil.

J 3   ſche

sche und Rinhofische ihren Namen
bekommen? *)

Cap.

*) Die beyden ersten Linien, nämlich die Aberdari-
sche und Gutendische, haben ihren Namen von
zweyen Brüdern bekommen, welche Aberdar und
Gutend hießen. Der dritte Bruder Arnold aber.
gieng in den deutschen Orden, und wurde Commenthur zu Virnsberg. Es sind dieß zwey son-
derbare Taufnamen, welche sonst nirgends unter
viel hundert und tausenden Namen vorkommen.
Ich glaube daher, daß der Herr Vatter dieser
beyden Söhne diese Namen ausgedacht, und sie
ihnen beygeleget habe. Aber, was soll Aberdar, und was soll Gutend heissen oder bedeuten?
Der Freiherr von Gudenus hat im Codice Di-
plomatico Tom. III. pag. 461. eine Urkunde vom
J. 1364. beygebracht, welche sich also anfängt:
Wir Gerlach von GOttes Gnaden Erzbischof
zu Mentz — bekennen, daz wir umb Bede
des Edeln Friederichs Burggrafen zu Nürnberg unsers lieben Schwagers, die er uns gethan hat mit Cunrad Abindor von Seckendorf
Ritter — zu dem Wort Abindor sezet der Freiherr von Gudenus Abenteur. Es heißt aber
nicht Abindor, wie in jener Urkunde stehet,
sondern Aberdar; wäre die Auslegung des Freiherrn von Gudenus gegründet: so hieße Aberdar so viel als Glück und Unglück. Oder es be-
deutete einen Menschen, der allerhand Schicksale,
gute und böse, hat. Diese haben nun alle Menschen. Gutend aber wird so viel heissen sollen,
als ein gutes Ende, oder daß alle seine Hand-
lungen einen guten Ausgang nehmen sollen. Diese zwey Herren Brüder stifteten nun zwo Linien,
welche nach ihren Namen genennet wurden.
Aberdar und Gutend wurden gleichsam zwey
Zuna-

Cap. V. Warum die verſchiedenen Linien dieſes
Hauſes den Namen **Seckendorf**
J 4 bey-

Zunamen. Gar oft lieſet man in den Urkunden
Conrad der Aberdar, ohne Beyſaz von Seckendorf, und gar oft wird blos Gutend geſezet. So
ſtehet in einer noch ungedruckten biſchöflich Höch-
ſtättiſchen Urkunde vom Jahr 1317. ſtrenui Milites Ludovicus de Eyb & Arnold Gutende. Dieſer Gutend war aus dem Hauſe von Seckendorf.
Aber er ſchrieb ſich nur Gutend. In ihren Urkunden aber, wenn ſie was ausfertigen lieſſen, hieß
es allemal alſo: Ich Hanns von Seckendorf,
Aberdar — und ſo weiters — . Die dritte Linie des Hauſes von Seckendorf, nämlich die Rin-
höfiſche, hat ihren Zunamen von einem Dorf, oder
viel mehr von einem Caſtro, bekommen, welches
Rinhof, auch Reinhofen, jezt aber Rehofen genennet wird. Denn auch die Caſtra hieſſen Höfe, weil ſie umſchloßen waren, und einen groſſen
Hof ausmachten. Dieſe Linie wird in den Urkunden ſehr deutlich von den andern beyden Linien unterſchieden. So ſtehet z. Er. unter andern in einer Urkunde vom J. 1445. honorabili viro Domino *Nicolao de Rynboven alias Sekendorf*
Canonico & Archidiacono in ecclesia Herbipol. —
Und abermal unter eben dieſem Jahr: officiali
venerabilis viri domini *Nicolai de Seckendorf* alias
Rinbouen Canonici & Archidyaconi in ecclesia her-
bipolensi — Es wurde allemal zu dem Wort
Seckendorf auch das Wort Rinhofen geſezet, als:
Johann von Seckendorf, Rinhofen genannt
oder von Rinhofen. Das Caſtrum Rinhofen aber
gehöret nun in das Caſtenamt Neuſtadt an der
Aiſch und in die Pfarr Emskirchen. Man ſiehet nichts mehr davon, als die Stätte, wo es
geſtanden hat. Nun iſt ein gemeines Haus daſelbſt,

beybehalten, da es doch damals gebräuchlich war, daß, wenn Brüder thei-
leten, sie den Namen änderten, und
sich

selbst. Doch hat dessen Besitzer gewisse Freihei-
ten, und diese rühren von dem ehemaligen Castro
her. Die Herren aus dieser Seckendorfisch Rin-
hofischen Linie waren in selbiger Gegend stark begüttert. Sie hatten eine Stunde davon, nämlich zu Emskirchen, ein Castrum, nebst vielen Gütern, welche sie an die Herren Burggraven ver-
kauften. Auch hatten sie in Bottenbach ein
Castrum, ingleichem zu Dürrenbuch — zu Buch-
klingen und zu Neustadt an der Aisch, an der
Stätte, wo die dasige Schule gebauet ist. In
dem Kloster Birkenfeld aber hatten sie ihr Erb-
begräbnis; wo auch verschiedene Fräulein aus
diesem Hause Aebtißinnen gewesen sind. Noch
muß ich bemerken, daß zu Rehofen oder Rinhofen eine Capelle befindlich ist, die auf einer Wiese
an einem Bächlein stehet. Ganz gewiß wurde
an dieser Stätte in den heidnischen Zeiten Gözendienst gehalten. Sonst hätte man diese Capelle nicht an diesen Ort und in die Tiefe gebauet; wo sie gleichsam im Sumpf stehet. Es
ist bekannt, daß an den Orten, wo Gözendienst
gehalten worden, man nachgehends in den christlichen Zeiten die Kirchen und Capellen gebauet
hat. In dieser Capelle wird aller Margarethen Tag Gottesdienst gehalten; weswegen eine
Fräulein von Seckendorf einen Zehenden zur
Pfarr Emskirchen gestiftet hat. Diese Capelle
wird an Margarethen Tag stark besuchet, und die
Benachbarten, ob sie gleich nicht in selbige Pfarr
gehören, feiern diesen Tag besonders. Sie
glauben, wenn sie diesen Tag nicht feiern: so
betreffe ihre Felder der Wetterschlag. Die heil.
Margareth ist eine von den vierzehen Nothhel-
fern, und daher kömmt jene Meynung.

ſich von bem Orte ſchrieben, wo ſie ihren Siz hatten?

Cap. VI. Von beſſen Wappenbild.

a) Ob es in einem **Lindenzweig** ober in einem Epheu beſtehet?

b) warum ein ſolches Wappenbild und bie rothe und weiſſe Farbe beliebet worden? ob ſich der erſte Herr aus dieſem Hauſe dieß Wappenbild gegeben habe, ober ihm von andern gegeben worden?

c) Warum zum Helm-Kleinobien ein Huth genommen worden, und was dieſer andeutet?

d) Woher es kommt, daß dieſer Huth, ober dieſes Helmkleinob, auf ſo verſchiedene Art abgebilbet wird?

e) Warum die verſchiedenen Linien bes Hauſes von Seckendorf einerley Wappen beybehalten, ohnerachtet es ehebin herkömmlich war, daß, wenn Brüder theilten, der andere das Stammwappen nicht behalten, ſondern ein anderes Wappen angenommen hat?

f) Ob die verſchiebenen Linien dieſes Hauſes in bem Wappen und Helmkleinob ehebin gar kein Unterſcheidungs-Zeichen gemachet haben?

g) Woher es kommt, daß man die Ordens-ketten um die Wappen hänget?

h) War-

b) was für Stellen sie bey den Turnieren bekleidet?

c) was für Belohnungen sie bekommen?

d) Ob es wahr, daß Herr Friederich von Seckendorf den Herrn Markgraven Albrecht, in einem Turnier zu Nürnberg dreimal aus dem Sattel gehoben?

e) Ob Nürnberg zu trauen, was er von denen Herren von Seckendorf gesaget?

Cap. XVI. Von dessen milden Stiftungen

a) an Kirchen,

b) an Klöstern,

c) an den deutschen Orden.

d) an Stipendien.

e) an Spitälern.

f) von dem daher erlittenen Schaden.

Cap. XVII. Was es ehehin von einigen Klöstern zu erheben gehabt?

a) So mußte das Kloster Wülzburg dem Herrn von Seckendorf, welcher Möhren besaß, jährlich ein Paar Filz-Schuhe liefern.

b) Woher diese Gewohnheit rühret?

c) Wird dabey sogleich de variis olim mo-
nalle-

nasteriorum præstationibus, earumque origine gehandelt.

Cap. XVIII. Von deſſen Anverwandſchaft

    a) mit Fürſtlichen,

    b) mit grävlichen Perſonen.

Cap. XIX. Von deſſen vermalſauben Ehrenſtellen, und zwar:

  A. im geiſtlichen Stande, als :

    a) Biſchoff,

    b) Aebte,

    c) Aebtiſſinnen,

    d) Commendatores,

    e) Decani,

    f) Dommherren,

    g) Pfarrherrn. *)

  B. im weltlichen Stande, und zwar

  I. im Staat.

    a) Erbtruchſeſſen beym Burggravthum Nürnberg.

1) wenn

---

*) Hier wird gezeiget, daß die meiſten Pfarren ſind ehehin von Fürſtl. Gräfl. und Freiherrl. und ade-lichen Perſonen verſehen worden, und wird auch die Urſache davon angegeben.

1) wenn dieß Haus zu dieser Würde gelanget?

2) was der Erbtruchseß bey dem Burggravthum gewesen?

3) ob er seinen Namen von dem **Eßen tragen** bekommen?

4) Warum der Erbtruchseß nur überhaupt

   a) der Truchseß des Burggravthums, und

   b) bisweilen der Truchseß von Hoheneck genennet wird?

5) welche Linie diese Würde bekleidet?

b) Erbschenken des Burggravthums Nürnberg.

α) ob die von Leonrod eben diese Würde bey dem Burggravthum bekleidet, wie Bidermann vorgiebet?

β) bey welcher Linie in dem Seckendorffischen Hause diese Würde gewesen?

γ) wenn es dazu gelanget ist?

c) Kammermeister.

d) Hofmeister.

e) Stadthalter.

f) Reichsvoigte zu Nürnberg.

g) Ad.

g) Advocati über Klöster.

h) Burggraven zu Rothenberg.

i) Landrichter.

k) was für vorzügliche Würden dieses Haus in den neuern Zeiten an diesem und jenem Hofe bekleidet?

II. im Krieg.

a) Milites oder Ritter
   1) was ein Miles oder Ritter ehehin gewesen?
   2) ob er einen Vorzug vor einem andern von Adel gehabt?

b) militares
c) armigeri
d) Knechte
   die Prädicate werden umständlich erläutert.

III. In der gelehrten Welt.

Cap. XX. Von deffen Verdienften.

a) gegen das Reich.

b) gegen die Herren Burggraven zu Nürnberg.

c) gegen die Evangelische Kirche.

Cap. XXI. Von den Orten, wo fie die hohe Jurisdiction hatten.

Cap.

Cap. XXII. Von dem Recht, Juden einzuneh=
men.

a) ob dieſes der heutige Abel ehehin ohne
Unterſcheid thun dürffen?

Cap. XXIII. Von deſſen Standes Erhöhung.
a) in den freiherrlichen
b) in den Reichsgräblichen Stand.

Cap. XXIV. Wieviel Pfarreyen es ehehin zu
vergeben gehabt, und noch hat?

Cap. XXV. Von den Kirchenordnungen.

Cap. XXVI. Von dem Seckendorfiſchen Geſang=
buch.

Cap. XXVII. Von den Begräbnis=Stätten die=
ſes Hauſes.

a) warum nur der Abel ehehin in Kirchen
begraben worden?

b) warum er ſich ſo gern in Kloſterkirchen
begraben laſſen?

c) warum man ſo wenig alte Denkmale
des heutigen Abels in den Kirchen antrift?

d) warum die Abelichen Perſonen auf den
Denkmalen bald mit, bald ohne Har=
niſch angetroffen werden?

e) warum die abelichen, und überhaupt die
vom weltlichen Stande, in den Kirchen
in ihren Begräbniſſen ſo geleget worden,
daß

daß sie das Gesicht gegen das Altar keh-
ren, hingegen bey Geistlichen es nicht so
ist, sondern umgekehrt liegen, so daß
sie ihre Füße gegen die Gemeinde keh-
ren.

Cap. XXVIII. Von den Schriftstellern, welche
Seckendorfische Sachen abgehan-
delt haben.

Der zweyte Theil handelt das Leben eines jeden merkwürdigen Herrn, bis auf gegenwärtige Zeiten ab, und bringt richtige
genealogische Tabellen bey.

Endlich folgt der Codex Diplomaticus von einigen hundert Urkunden.